青少年叛逆心理学：
培养孩子的自主力

黄建平 ○ 编著

中国纺织出版社有限公司

图书在版编目（CIP）数据

青少年叛逆心理学：培养孩子的自主力 / 黄建平编著. -- 北京：中国纺织出版社有限公司，2025.4.
ISBN 978-7-5229-2290-4

Ⅰ. G782

中国国家版本馆CIP数据核字第20246VJ009号

责任编辑：李　杨　　责任校对：高　涵　　责任印制：储志伟

中国纺织出版社有限公司出版发行
地址：北京市朝阳区百子湾东里A407号楼　邮政编码：100124
销售电话：010—67004422　传真：010—87155801
http://www.c-textilep.com
中国纺织出版社天猫旗舰店
官方微博 http://weibo.com/2119887771
鸿博睿特（天津）印刷科技有限公司印刷　各地新华书店经销
2025年4月第1版第1次印刷
开本：710×1000　1/16　印张：12.5
字数：108千字　定价：49.80元

凡购本书，如有缺页、倒页、脱页，由本社图书营销中心调换

前言

相信不少父母乃至老师们都会有这样一些疑问：

为什么青少年离家出走现象如此频繁？

为什么青少年会厌学？

为什么青少年会轻生？

这些问题是如何产生的，它们产生的根源是什么，又该怎样化解呢？

……

在解答这些问题之前，作为父母，不知道你是否留意过，孩子到了十来岁之后突然长高了？孩子是不是突然变得闷闷不乐？他（她）是不是不再像以前那么听话了？也不把所有的秘密都告诉你了？他（她）是不是时常会拿着小镜子照来照去，开始关注自己的外形和穿着了，爱干净了？并且，你发现，他（她）经常会对你说："什么都不懂，懒得跟你说。""你不明白的。"……

这些行为和语言都代表你的孩子进入青春了，此时，你的孩子就从儿童变成了青少年了。

心理医生认为，孩子在10岁之前是对父母的崇拜期，而12~16岁是孩子的"心理断乳期"，孩子进入这个年龄段，随着身体的发育、所学知识的增加以及知识面、阅历的增加，他们的自我意识增强，他们渴望脱离对父母的依赖，因此，极易对父母产生"逆反心理"而不服父母的管教。

为此，很多父母操碎了心。一方面，孩子正处在青春期，面临着成长中的烦恼，需要有个倾诉的对象，而孩子似乎已经对自己锁上了心门；另一方面，青春期是个特殊的时期，懵懂的孩子，要面对太多诱惑，经历太多挫折，一不小心就可能走上错误的人生道路……

教育心理学家认为，青少年的家庭教育不是一门简单的学问，需要认真对待。家庭教育的关键在家长，家长的方法和态度直接决定了能否和孩子融洽相处，能否使孩子顺利、健康、快乐地度过自己人生中的特殊时期。

越来越多的父母发现，在家庭教育中，随着孩子的成长、青春期的来临，光靠管束和告诫是行不通的，要了解孩子的思想，就必须学习一些心理学知识，比如，为什么青春期的孩子开始封闭内心、青春期的孩子为什么叛逆、他们为什么变得躁动不安……在了解青春期孩子的这些特殊表现背后的原因后，我们就能做到有的放矢，从而找到最佳的教育方法，帮助孩子解开很多青春期的烦心事！

父母的觉醒是养育的关键，父母需要不断自察、进步和学习一些教育知识，这就是我们编写本书的初衷，希望每一位家长朋友都能从本书中找到适合自己的教育方法。

本书从心理学的角度出发，针对日常生活中很多家庭遇到的青少年的各种叛逆行为，告诉家长们孩子的叛逆行为是普遍存在的，并给出最贴合实际的教育心理策略，让父母学习如何帮助我们的孩子顺利度过叛逆期。

最后，希望每一位父母，都能在孩子青春期到来时多一分耐心，用你的爱打开孩子的心门，引导孩子正确处理青春期成长中的一些问题，让孩子在青春期努力积累文化知识的同时，也能树立正确的人生观、价值观，从而为未来成为一个优秀的社会人做足准备！

编著者
2024年3月

目录

01 第1章
走进青少年的内心世界，了解你的孩子为什么叛逆　　001

孩子逆反来源于"心理断乳"，父母要理智面对 _ 003
总是和父母顶嘴，叛逆少年总认为自己"有理" _ 006
身体上的变化，引起青少年内心困扰和烦躁不安 _ 009
为何青少年总是情绪多变、捉摸不透 _ 012
不听话的少年，为何总有反抗情绪 _ 015
青少年不愿意和父母同行，是渴望独立的表现 _ 019
父母认可的事物，青少年为何总是嗤之以鼻 _ 022

02 第2章
面对青少年叛逆问题，父母要理智应对　　025

孩子逆反，不必太较劲 _ 027
叛逆孩子，反面教育不如正面引导 _ 031
一定要尊重孩子的隐私权 _ 034
叛逆期的少年渴望摆脱束缚，如何引导 _ 037
多建议少命令，让孩子更易接受 _ 040
孩子反感老师，如何耐心引导 _ 043

03 第3章
打造充满爱与自由的成长环境，能有效避免青少年冲动叛逆 047

民主的家庭环境，孩子才愿意畅所欲言 _ 049
引导是关键，别动不动和孩子发脾气 _ 052
营造宽松和谐的家庭氛围，让青少年健康成长 _ 056
真正将青少年当成家庭一员，鼓励其参加家庭讨论 _ 059
父母做错了，也要学会勇敢地向孩子道歉 _ 062

04 第4章
培养青少年的自主沟通能力，父母先要放下家长架子 067

青少年有太多心事，需要被倾听与理解 _ 069
当青少年有倾诉欲望时，家长要给予回应 _ 073
表达你的信任，孩子才愿意敞开心扉 _ 077
用肯定和认可代替对孩子的否定和贬斥 _ 080
青少年犯错，绝对不能打骂 _ 084
谈谈自己的经历，激发青少年主动沟通的兴致 _ 087

05 第5章
提升青少年的自主学习意愿，给孩子插上快乐学习的翅膀 091

青少年被动消极，学习上缺乏自动自发力怎么办 _ 093
帮助青少年寻找属于自己的学习方法 _ 097
青少年厌学问题如何解决 _ 100

目录

青少年偏科问题如何纠正 _ 104
压力大,让青春期的孩子学习效率低下 _ 107
青少年总是记不住知识,如何增强记忆力 _ 110

06 第6章
鼓励叛逆期少年自主交友,并为他营造良好交际环境 113

告诉孩子如何自信大方地与人交往 _ 115
青少年交友,父母应加以指导但不能过多干涉 _ 118
鼓励孩子多换位思考,多为他人着想 _ 122
对他人的无理要求,引导青少年学会拒绝 _ 125
嫉妒,是叛逆期孩子的毒药 _ 129

07 第7章
叛逆少年自制力不足,要运用心理技巧规范其行为 133

要想让孩子不懒惰,父母就别太勤快 _ 135
如何防治青少年沉迷网络游戏 _ 139
上课捣乱的青少年,父母要如何引导 _ 143
青春期的孩子开始学"坏",如何及时制止 _ 146
培养青少年勤俭节约的习惯,杜绝铺张浪费 _ 149
为什么一些青少年会染上烟瘾 _ 152

08 第8章
青少年独立自主性培养，重在给他足够的成长空间   157

别压制，允许青少年有自己的看法 _ 159
别总要求青少年听话，鼓励孩子自己做决定 _ 162
放手让青少年自己承担责任和后果 _ 165
为什么有些青少年会离家出走 _ 168
多给予青少年参加社会实践的机会 _ 172

09 第9章
唯有爱与尊重，才能滋养青少年的自主能力   175

温柔地对待青少年所犯的错误 _ 177
给孩子尊重与自由，绝不窥探孩子的日记本 _ 180
如何培养青少年的抗压受挫能力 _ 184
青少年遭遇挫折，父母要及时给予鼓励与引导 _ 188

参考文献   192

第 1 章 01

走进青少年的内心世界,
了解你的孩子为什么叛逆

孩子逆反来源于"心理断乳",父母要理智面对

王女士的儿子今年12岁,刚上中学,她的儿子一直听话乖巧,她也一直很省心,但最近在教育问题上,王女士遇到了一些困惑,无奈,她只好找到儿子的班主任:"我儿子从小就是一个听话的孩子,学习也很自觉,学习成绩也不错,所以很顺利地考上了这所市重点中学。只是我不明白,孩子怎么一到中学就变了很多,以前我给他零用钱他都舍不得花,现在倒好,每月生活费总是不够花,后来,我才发现,他喜欢买那些时尚的东西,还打扮得像个小混混似的,为此我常教育他,可他常常与我顶嘴,总是强调'时代不同了',说我是老生常谈。我甚至告诉他,有本事就自己挣钱,结果他顶嘴后几天不理我,有时候还去同学家一住就是几天,我应该怎么办?"

生活中,王女士这种情况并不是个案,很多家长都遇到过,尤其是孩子到了十几岁便不再听父母的话,他们好像一下子有了很多自己的想法,喜欢按照自己的想法行事。于是,很多家长不解:我那个乖巧的孩子怎么了?我该怎么办?

其实,这些情况对处于心理断乳期的青少年来说,都是一种很正常的现象。

心理学家认为,12~16岁是孩子的"心理断乳期"。那么,什么是"心理断乳期"呢?

在人的一生中,有两个重要时期,一个是1岁左右的生理断乳期;第二个就是青春期时发生的"心理断乳期"。

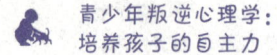

为人父母,我们都知道,让婴儿期的孩子断乳是痛苦的。面对饥饿,他们会通过啼哭来索求食物,他们张开嗷嗷待哺的小嘴努力寻找母亲的乳房,而母亲为了让他断乳会狠心地给孩子喂其他陌生的食物,孩子会用吐的方式拒绝新食物,母亲会继续喂,孩子继续吐,几次三番以后,孩子最后终于进食了。这就是人类适应环境的一次重大转折——生理上的断乳。

接下来,从12岁开始,他们开始逐渐脱离对父母的依赖,直到18岁完成。**这个过程,就是少年逐渐摆脱父母、走向成人的过程,这一过程,被心理学家称为"心理断乳期"**。此时,孩子渴望获得独立,渴望父母重新审视自己,把自己当成成人看待,但同时,他们自身又有很大的依从性,无论是精神上,还是经济上,他们都不能摆脱对父母的依赖,尤其是当他们遇到一些青春期的生理和心理问题的时候,他们更需要获得父母的帮助。

可见,青少年渴望塑造自我,渴望独立,渴望周围的人包括父母把自己当成成人来看。而作为父母,我们只是想要回原来所习惯的那份透明,那份亲密无间的关系,希望能了解孩子的内心世界,生怕孩子一个人外出遭受危险,我们更受不了在孩子与我们之间横亘着一个我们无法把握的地带。

那么,我们该怎样才能找回那份亲密的亲子关系呢?

为此,教育心理学家建议,在面对青少年叛逆的问题上,家长要理智应对,以下是我们和孩子相处的几点建议:

成长加油站

1.尊重其自尊心

我们父母要尽量支持孩子,尤其在他们遭遇困难、失败的时候,帮助他们分析事件和自己的心理,理出一条可行的、能够被孩子接受而不逾越事物常规的解决方案。

第1章 走进青少年的内心世界，了解你的孩子为什么叛逆

另外，家长不应迁就孩子不合理的、伤害自己及他人的行为，尤其对过激行为要加以制止，以防孩子以后总是用反抗的方式来要挟父母，以达到自己的目的。但切记要通过孩子能接受的、说服式的方式，避免硬碰硬，伤害到一些内心敏感脆弱的孩子的自尊心，而导致他们封闭自己的心门，不再和父母沟通交流。

2.多理解，少责备

在这个时期当中，不同的孩子因为转变程度的不同会出现不同的状态，他们非常渴望家长的理解。而生活中，一些父母，只要认为孩子做错了事，就不分场合、方式地批评他，可以说，这是家长的通病。而实际上，这个时段的孩子是叛逆的，也是脆弱的，有时候，你不经意的一句话就可能伤害他们的自尊心，渐渐引起孩子内心的愤恨、埋怨，甚至记仇。

所以批评孩子前要先弄清缘由，不要乱批评；需要批评时，要注意语气、场合和方式；批评时要循循善诱，使他心甘情愿地接受。而对孩子遇到的困难和挫折，要真心帮助他们解决。

3.给孩子表达的机会

作为家长，要在家庭中发扬民主精神，平时要注意多和孩子沟通，让孩子发表自己的观点，这可使孩子感觉无论做什么，只有"有理"才能站稳脚跟，这对发展孩子个性极为有利。

锦囊

总之，遇到王女士这种情况，我们一不要害怕，二要教育引导，三要注意方式。这样就能与孩子建立一种亲密的平等的朋友关系，帮助其顺利度过"心理断乳期"。

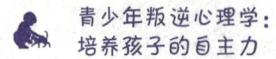

总是和父母顶嘴，叛逆少年总认为自己"有理"

在某中学的一次家长会上，很多家长纷纷提出，孩子到了初中后脾气就变坏了，父母的话根本听不进去，甚至公然和父母顶嘴。

"儿子上小学时很懂事乖巧，叫他做什么就做什么。自从上了初中就跟变了一个人似的，老说我唠叨，多说一句就厌烦我，摔门走开。我为他做了这么多，还不领情！"

"儿子13岁了，年前还是个很听话的孩子，过完春节就不行了，学习成绩急速下降，偷着上网吧，跟不好的孩子玩，作业也不做。我现在处处监督他，可是越管越不听，特逆反，老跟我顶嘴，和我对着干。求他也不是，骂他打他也不是。我没招了！"

这样的场景，或许很多家长都遇到过。实际上，生活中，还有一些例子，比案例中的这些孩子更为逆反，他们原是父母眼中听话的好孩子，但是随着青春期的到来，他们开始关上心门，也基本上不和父母沟通，父母说一句，他们就顶十句，而且，无论怎么样，他们总觉得自己是对的。而作为过来人的父母，自然更有"发言权"，于是，很多父母便为了更正孩子的观点而极力发表自己的观点，如果双方始终坚持自己的立场，那么，便极易产生一种对立的关系。其实，作为父母，如果能感受孩子的想法，你会发现，其实孩子的想法也有一定的道理。

那么，为什么一些青少年会如此逆反呢？

| 第1章 |
走进青少年的内心世界，了解你的孩子为什么叛逆

青少年之所以产生叛逆心理，是有以下三个方面的原因的：

<u>第一，青春期到来后，孩子的身体开始快速生长和发育，由此带来了心理上的变化</u>，第二性征的出现给他们的心理造成了一些冲击，他们往往会对此感到不知所措，因此，他们便会产生浮躁心理与对抗情绪。

<u>第二，除了身体上的发育趋于成熟外，这个阶段的孩子还渴望独立，希望周围的人把自己看成一个成年人</u>，因此在面对问题时他们常常呈现一种幼稚的独立性，并未成熟的他们会处处反抗。

<u>第三，自我意识的增强、社会上各种新奇事物的冲击也让孩子对很多东西产生兴趣</u>，他们便要通过表现个性、追逐时尚等方式来满足好奇心。

另外，很多其他因素，比如，社会和家庭教育的一些不足，也成为孩子叛逆的源头。此外，孩子如今面临的各种压力，比如学习压力、就业压力以及生活中的无聊情绪等，也是叛逆心理生长的"沃土"。

很多家长一看到孩子变得与以往不同，就认为这是青春期的逆反行为，担心自己的让步就意味着孩子的越轨。然而，对孩子的每个小细节都横加指责会使较小的问题升级为激烈的争吵。因为，孩子最厌恶的就是父母对自己管得太多、干涉太多。

为此，在孩子有逆反苗头的时候，家长首先要反思，也许是自己正在挑起这种情绪，或者孩子对自己的什么地方有意见，然后有针对性地找解决的方法。

为此，我们在与孩子沟通时，最好遵循以下两点：

成长加油站

1.把命令改为商量

作为父母，我们固然应该保护孩子，但对于孩子来说，他们已经有了一

定的独立能力和自主意识，我们对他们不该过度保护，为此，在很多问题上，我们最好让孩子自己做决定，比如，我们可以先询问孩子的意见："你是怎么认为的呢？你打算如何处理呢？你打算什么时候开始做呢？"这就表示了我们对孩子的尊重，在了解孩子的想法后，如果有些部分不正确，那么，我们再以研究和探讨的语气与之商量："我能理解你的想法，但我们还要考虑这件事的可行性，不是吗……你认为妈妈的意见对吗？"

孩子是聪明的，有判断力的。如果你的话有道理，他也是会采纳你的建议的。同时，沟通和交流越来越多，亲子关系会更好。

以商量的方式去解决问题，即使商量失败，但感情会增强，有利于以后问题的沟通。家长经常犯的错误是，当前问题没解决，还破坏了感情气氛，阻断了感情沟通，失去今后解决问题的机会。

2.不妨让孩子也吃点"苦头"

这个阶段正是孩子形成主见的关键时期，孩子犯些小错在所难免，其实，孩子也没那么脆弱，所以，家长应该允许孩子犯一点错、吃点亏，不要过分束缚孩子的手脚。

举个很简单的例子，如果你的孩子"要风度不要温度"，寒冬腊月坚决不穿秋裤非要穿裙子，如果商谈没成功，不用着急，让她挨冻一次没关系，真感冒了，她会明白你的好意，至少以后会考虑你的意见。

总之，对于叛逆的孩子，支持要比压制好，商量要比命令好，另外，只要孩子的想法合理，就要给予全力的支持！

身体上的变化，引起青少年内心困扰和烦躁不安

杨先生的儿子杨涛今年上初一，但就在这一年的时间里，杨先生觉得儿子突然长高了很多，也不像以前那样调皮捣蛋，现在的儿子变安静了，但总好像心事重重的，有时躲在卫生间不知干什么，有时坐在写字台前发呆，还遮遮掩掩地看些杂志。妻子说："儿子可能是进入青春期，开始发育了，做爸爸的应该跟儿子好好谈谈青春期的问题。"杨先生也觉得应该跟杨涛好好谈谈，不然看他整天胡思乱想，学习上也会受到影响。可又不知道该如何跟他谈，谈些什么好。

孩子到了十几岁以后，身体会快速发育，此时，他们不仅变得敏感，行为也变得神秘兮兮。对于自己身体的变化往往表现得既恐慌又好奇，会通过各种途径来了解自己身体的变化，满足自己的好奇心。

青春期是每个人一生当中的重要时期，是从童年到成人的过渡时期，处于这一阶段的孩子，都会明显感觉到身体的生长、发育、代谢、内分泌功能及心理状态诸方面均发生显著变化。其中尤其以生殖系统的发育与功能的日趋成熟最为引人注目。所以说青春期是决定人一生发育水平的关键时期。但面对青春期的这些变化，孩子也会感到忧虑、惶恐和不安，<u>作为父母的我们，有义务帮助孩子排除这些负面情绪，让他健康、快乐地度过青春期。</u>

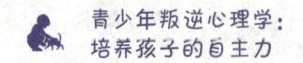

与青少年谈性发育问题是家长必须做的事情。青春期是生理和心理变化都很快的年龄阶段，不少孩子因为被性发育问题困扰，而心事重重，精神恍惚，造成学习成绩下降。关于男孩子的性发育问题，由父亲来讲是比较适当的。而对于女孩子的性发育问题，则可以由母亲来讲解。因此，对于这一问题，可以分为以下两种情况：

成长加油站

1.女孩的青春期变化

一般而言，女孩子的青春期变化分为以下5个阶段，但这并不是说，所有的青春期女孩，都会按照这一列表完成青春期发育，因为有些女孩子可能发育早些或晚些。

（1）8~10岁，通常来说，这一阶段，女孩的发育还未真正开始，乳腺尚未发育，也还没有长出阴毛。

（2）11~12岁，女孩子到了这一年纪开始真正发育，乳房开始变大，阴部会长出阴毛，臀部变宽，甚至声音也会变得低沉。一些女孩，会在此时迎来月经初潮。

（3）13~14岁，对于大部分女孩来说，此时，她们已经开始出现了月经并逐渐规律，在身体发育上，不再像以往那样长高或者长大得很快，但身体会变得更丰满。

（4）15~16岁，女孩开始对男孩子产生兴趣，也希望得到男孩子的关注。

（5）17~18岁，此时的女孩已经长成成熟的女性了，身体在各方面已经发育成熟。同时，情感世界则将继续发展，并不断走向成熟。

2.男孩的青春期变化

同样,男孩子的青春期变化也可以分为以下5个阶段,当然,也有个别发育较早或较晚的情况,不必担心。

(1)8~10岁,此时的男孩在体型上和小女孩差不多,此时,还没有长阴毛,阴茎也比较小。

(2)11~12岁,男孩在睾丸激素作用下,身体开始长高,阴茎开始发育,声音变得低沉,肩膀和胸膛变得宽阔了。

(3)13~14岁,这两年,男孩将会面临很多身体上的发育问题,比如,他们会发现自己长阴毛了,第一次"梦遗",嗓音也会在这个期间变得完全低沉起来。同时,身体仍然在快速生长。

(4)15~16岁,男孩们会发现,脸上出现了令人烦恼的青春痘,还会分泌很多油脂。

(5)17~18岁,男孩真的长成一个成熟的男人了,必须要学习如何刮胡子,以前,他们会觉得女孩子都很可爱,但现在,他们会发现,有个女孩似乎很特殊,总是有意无意出现在他们的脑海里。

锦囊

总之,作为家长,我们应该让孩子知道生理成熟这条路是他们一定要走的,无论早晚他们都要经历,让孩子明白,父母既是孩子的长辈,也是孩子最贴心的朋友,从而帮助孩子及时调整好自己的心态,以便顺利地向成人世界进发。

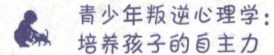

为何青少年总是情绪多变、捉摸不透

　　杨先生是一家小公司的老板，每天有大量的工作需要处理，工作很累，免不了回到了家还带着在工作中的情绪。

　　这不，他回家看见妻子还在看电视不做饭，就有点不高兴了："你怎么不做饭？小凯一会儿回来饿了怎么办？"

　　"我怕我做饭了，你们父子俩又不满意，那不找骂吗？"妻子一脸委屈，他也就没说什么。

　　"爸妈，我饿了，怎么还不做饭？"这时，小凯正好回来了。看见爸妈没做饭，不高兴了，一把把门摔上，看自己的书去了。

　　"这孩子怎么了，现在怎么脾气这么坏了？小时候可不是这样，越长大越不好管了啊？我去跟他评评理，这是什么态度？"杨先生很是生气，正想冲进儿子的卧室去教育儿子，被妻子一把拉住。

　　"孩子这个年纪，情绪不稳定是正常的，我们大人也不例外，你刚刚回家，不也是这样吗？我们要理解呀……"杨先生觉得是这么个理儿，火也就消了。

　　孩子到了十几岁，尤其是进入青春期后，情绪变化得会更快，这一时期孩子身体迅猛发育，生理、心理都在急剧变化，特别是生殖系统的突变，会给他们带来不少暂时性的困难。同时，他们要求独立的意识也随之加强，于是，这时的孩子会像一匹脱缰的野马，那些情绪也随之四处乱撞。可能那个活泼开朗的孩子一下子就变得闷闷不乐、喜怒无常、神神秘秘了。

孩子长大了，很多父母知道为孩子提供营养丰富的食物，却不太注意这个时期的孩子内心世界的变化和需要，对于孩子多变的情绪，也无从理解，这导致孩子最终与自己的距离越来越远，也会很容易产生父母子女之间关系的对抗，很多孩子发出感叹："为什么爸妈不理解我？"

<u>**因此，作为父母，就要体贴和帮助孩子，要对孩子身心发展的状况予以留意，对他们某些特有的行为举止要予以理解并认真对待**</u>。认识到青春期的特点，才能和孩子做朋友，帮助孩子度过这个"多事之秋"！

那么，作为父母，当你们对孩子的情绪予以理解以后，又该怎样帮助孩子顺利梳理好情绪呢？

成长加油站

1.做好表率，克制自己的脾气

家庭气氛的融洽与否，直接关系到青春期孩子的情绪自我控制能力。如果在一个家庭中，父母动不动就大发雷霆，或者父母脾气暴躁，那么，是培养不出自我情绪控制良好的孩子的，因为父母解决问题的方法、对他人的态度就潜移默化地影响孩子，孩子从他们身上学会的是消极的处事方法，久而久之，爱发脾气、我行我素等不健康的个性就会在孩子身上显现。所以，在家庭教育中，父母要想成为孩子的朋友，用自己的言行积极地影响他，就必须首先改变自己。当父母要发脾气之前想想身边的孩子，控制住自己，换一种方式解决问题。当脾气难以克制，已经发出之后，要对身边的孩子说声："对不起，爸爸错了！"……

2.告诉孩子"降温处理法"

作为父母，当你的孩子产生情绪后，你不妨先不理他，这既可以让你自己先冷静下来，也给了他一个考虑的时间，避免了在气头上把本想制止他不听话的行为变为"不信我就管不了你"的较量和在他身上发泄怒气，也不给他因"火上加油"而继续发作的机会。

其实，"降温处理"也是一种心理惩罚，他会发现，自己的这种情绪完全是没有道理的。当孩子的情绪"温度"被降下来以后，你再告诉他你这样做的目的是让他不要冲动，然后让他也学会这种情绪调节的方法，以此帮助他提高自我控制能力。

3.在日常生活中多与孩子沟通，培养他理智的个性品质

每个孩子与生俱来都有着不同的个性特点，但无论哪一种个性的形成都是一个渐变的过程。有些孩子把什么都挂在脸上，做事冲动，情绪易怒。如果父母对于孩子的这种个性听之任之，那么，孩子就会把父母的容忍当成武器，而如果父母在生活中能够对孩子晓之以理，让他从各个方面了解做事情绪化的危害，那么，孩子也就能慢慢学会控制自己的情绪，逐渐变得理智、成熟起来。

总的来说，父母和孩子做朋友，用理解、劝导的方式来指导他们，他们一定可以快些度过这一情绪多变期！

第1章
走进青少年的内心世界，了解你的孩子为什么叛逆

不听话的少年，为何总有反抗情绪

早晨，家里出现了这样一幕：
家长："天冷了，穿上毛裤吧。"
孩子："用不着，我不冷。"
家长："我刚听过天气预报，还能有错吗？"
孩子："我这么大了，连冷热都不知道吗？"
家长："你怎么越大越不听话，还不如小的时候呢？"
孩子："你以为我傻呀，真是的。以后少管闲事。"

这样的场景，或许很多家长都遇到过。我们会发现，孩子到了十几岁后，好像总是故意和父母作对似的，总和父母唱反调。很多父母感叹："我让他往东，他就是往西。""我说的话，他就没有听过。"的确，十几岁的孩子，常常会产生逆反心理。逆反心理是指人们为了维护自尊，而对他人的要求采取相反的态度和言行的一种心理状态。

<u>其实，作为父母，我们自身也应该反思，你理解孩子吗？你有真正聆听过孩子的想法吗？</u>孩子有自己的想法，需要作家长的去用心聆听。有时他的心里没有太大的事情，只是想找个对象倾诉一下，把内心的烦躁说出来。这个时候你的唠叨反而让孩子更加烦躁。

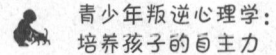

这里说的聆听，需要你用心去听，用心去感受孩子成长的变化，理解他们，再合理引导孩子。**好的教育是让自己的教育方式适应孩子，而不是让孩子来适应你的教育方式**。不要以为以前的教育方式就很正确，那是因为你的孩子还太小，处于弱势，没有拒绝的权利和抗拒的能力。而到了十几岁，孩子就敢于对家长说"不"，敢于"抗旨"，而家长也开始变得困惑、生气、抱怨、伤心……

为此，在与孩子沟通的过程中，我们可以这样做：

成长加油站

1."五分钟后再谈"，给彼此冷静的时间

任何教育方法有效实施的前提都是父母要有稳定的情绪，在气头上的父母，怎么会有能力、有智慧运用良好的方法教育孩子呢？

"五分钟后再继续谈"，能让我们以及孩子都冷静下来，这样，你会发现其实没什么大不了。

2.做出一些让步

让步可以在很多时候表明你欣赏孩子的成熟，并且意识到他对自由和自主更多的需求。

这里，我们需要明白两点：

第一，对于那些对孩子学习没影响或者影响不大的、不涉及孩子生活习惯和生活质量的，就是能商榷的，比如，饮食、衣服、睡觉等，这些可以商榷，并达成协议。

第二，不符合以上原则的，也就是不能商榷的，比如，孩子抽烟、喝酒、与不良少年厮混、不做作业等，就绝不能妥协。对此，即使孩子与你争

第1章
走进青少年的内心世界，了解你的孩子为什么叛逆

吵，你也不必害怕破坏与孩子间的关系。

3.契约法

父母之所以唠叨，孩子之所以发脾气，都是因为在某些问题上意见没达成一致，于是，孩子不断挑战父母的极限，他高举着"我长大了，我要……"的大旗：明明规定的是8:30之前回家，但是最近他总是频频违规，少则9点，多则10点多。面对这样的情况，你会怎样做？

对此，我们可以采用契约法：

如果你是一个事必躬亲的家长，对孩子的饮食起居、学习、情感都想掌控，那么，你必须做出一些改变。

新学期一开始，星星为了能让唠叨的妈妈不再那么唠叨，他想出一个极好的方法——准备了一份合同。这天，当妈妈又在吃饭时说些老生常谈的话题时，星星把筷子一放，站起来郑重地说："妈妈，咱们签份合同吧！"

合同是这样的：

（1）以后，吃饭时，妈妈不准询问孩子的学习情况；作业不会时，妈妈不许发脾气，不许敲桌子，要耐心讲解；周末给孩子放松时间，不能硬性规定必须9点睡觉。

（2）孩子要主动跟妈妈谈心，不乱花钱，不瞒着妈妈做事情，每天洗自己的碗，叠自己的被子。

（3）合同有效期：本学期。

妈妈同意了星星提出的合同条款，便爽快地签字了，星星也签了字，然后按照协议行事，很快亲子关系不再紧张。妈妈再也不在吃饭时问个不停，星星的变化也很明显：不乱花钱买零食，不乱买衣服，按时写作业，还承担了家里的扫地任务。

其实，"契约教育法"的秘诀就在于：孩子的行为一旦约定俗成，家长就不用三令五申，照章考核孩子的行为就行了。它可以帮助孩子自我观察，建立良好行为，父母省去了许多说教，亲子之间的情绪冲突大大减少，孩子也因此学会自主管理。

锦囊

总之，孩子和我们唱反调，我们就要作出教育方法上的调整，该放手时要放手，教会孩子为自己负责，该信任的时候要信任，给孩子锻炼的机会，这样才能让孩子健康地成长。

青少年不愿意和父母同行，是渴望独立的表现

这天下班后，张先生还是和平时一样，开车来到儿子的学校，等候在大门口。儿子出来后，神情怪怪的，张先生一眼就看出儿子不对劲。

"怎么了？有什么不开心的事情吗？"张先生问。

"爸，以后你能不能别来接我放学？"

"怎么了？坐爸爸的车难道不好吗？总比你挤公交车好吧？"张先生一脸的疑问。

"反正你别来就是了，从明天开始我自己骑单车就行。"说完，儿子和几个同学挤到了一辆公交车上。张先生彻底迷糊了。

回到家之后，张先生和妻子提到这事，妻子说："我也发现最近儿子怪怪的，以前总嚷嚷自己衣服小了，让我给买新的，可是现在，我拉着他上街都不肯，即使在街上，也是左顾右盼，好像有人跟踪他似的，后来，他干脆让我给他钱，说要自己买。"说完，妻子也是一脸茫然。

可能很多家长对孩子的这一表现都感到"丈二和尚摸不着头脑"。其实，这些情况对处于心理断乳期的孩子来说，都是一种很正常的现象，<u>孩子是首次独立在做一件重大无比的事情——塑造自我。他们渴望独立，渴望周围的人以及父母把自己当成成人来看。</u>此时，作为父母的我们，并没有意识到这一点，于是，我们会有一种失落感，你是否有这样一些感觉。

曾经，孩子最爱的就是在你的自行车后座上嬉戏，随着时间的推移，你

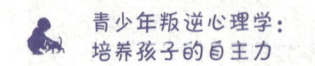

为孩子买了一辆新单车，孩子骑着单车在你的右边，而再后来，你只能经常站在路口，目送孩子骑着单车过红绿灯，消失在车流中。

曾经，孩子每到生日，就拉着你和爱人的手，认为全家去吃肯德基、麦当劳就是最好的庆祝方式，然后再买套漂亮的衣服；而今天，你只能站在门口，告诉孩子："晚上回来得早点，我会给你煮长寿面！"还没等你的话说完，孩子已经消失在人群里，奔着生日聚会去了。

曾经，女儿最爱的就是妈妈买的粉色的衣服，她认为妈妈的眼光最好，而现在，她拿着零花钱，去和同学买一些潮流服装，而你，好像很久没有和女儿一起逛街了。

随着孩子的成长，他们到了十几岁，便开始渴望独立，不仅对父母，在学校里，他们也不再像小学生那样事无巨细地去告诉老师，他们更热衷于在老师的视线之外用体力或脑袋来解决同龄人之间的争端。 他们甚至学会了用拳头解决同龄人之间的问题……这些都让他们有一种能独立自主的感觉。他们喜欢这种感觉，这不是父母的过错。父母只能支持他们不断成长。

成 长 加 油 站

1.给孩子独行的机会，让他学会自己照顾自己

你要知道，青少年阶段的孩子已经是半个大人了，他们完全可以照顾自己，可以独立外出，对此，我们千万不可强制，否则，很容易引起孩子的反感。当然，在孩子独自外出之前，我们一定要与孩子订立安全协议，比如，在晚上十点之前回家、遇到问题要给爸妈打电话等。

2.多给孩子一些自主选择和决定的机会

一般来说，孩子不愿与父母同行，是因为他们不希望周围的人把自己看

成是孩子,看成是父母的附属品,为此,我们应消除孩子的这种心理负担,比如,应该让孩子决定今天去哪里、做什么等。这样,孩子会感受到父母重视自己的意见,他们渴望独立的这种心理被理解了,自然,他们也就乐意和父母一起了。

锦囊

如果说孩子年幼时曾在与父母的相处中获得完整感,那么,当少年从心理上把自己从与父母的联合中切割开来后,他们会在不同程度上产生一种"外人感",于是,他们急于摆脱父母的保护,他们希望拥有更多的空间,对此,父母要承认孩子的成长,做孩子成长路上的支持者,而不是决策者!

父母认可的事物，青少年为何总是嗤之以鼻

这天晚上，为了庆祝儿子期中考试升入前五名，杨太太和丈夫早早地下了班，做了一桌子的菜。

饭桌上，杨太太一脸笑意，夸奖儿子学习努力。

"你们班这次考第一的还是刘晓？"杨太太顺口问。

"嗯。"儿子很冷淡地回答。

"刘晓这孩子从小就聪明，平时也很有礼貌，见到我们都很积极地打招呼，以后肯定是个重点大学的苗子。"杨太太说。

"得了吧，就他？整天就会'装'，我们班同学都很讨厌他，马屁精，也就老师喜欢他。"听到杨太太的话，儿子很气愤地辩驳道。

"那他总归是第一名啊。"

"切，第一名又怎么样，没人稀罕……"说到这儿，儿子更气愤了。最后，他放下碗留下一句："我去看电视了，你们慢慢吃。"这一举动让杨太太感到很是奇怪。

为什么杨太太夸奖其他孩子，她的儿子会嗤之以鼻呢？

其实，这是青少年身上常有的逆反心理的表现。我们不妨来分析一下，孩子到了十几岁，独立意识开始慢慢增强，并有了自己的想法，此时，他们更希望父母以及周围的人把自己当成成人来看，但实际上，他们还是父母眼里的孩子，因此，为了让父母对自己改观，他们一般会以唱反调来标榜自己。而这里，杨太

太夸奖的是其他孩子，那么，在她的儿子眼里，自己自然不如母亲口中的这位同学，这就更加引起了他的不满，最后，本来其乐融融的气氛变得僵硬起来。

很多父母都感叹，为什么孩子到了初中之后话越来越少、人越来越"叛逆"，甚至无论父母说什么，他们都是不屑一顾、嗤之以鼻？他们的价值观有问题吗？其实并不是。<u>青少年是一个渴望脱离父母庇佑的群体，然而，他们并不能完全独立生存，不能独立面临学习的困扰、生存的压力等，此时，他们只能"空喊口号"，在"行为语言上"反抗父母，于是，和父母唱反调就成了他们宣告独立的重要方式。</u>

然而，孩子的这一态度无疑给亲子关系带来障碍，让很多父母无所适从。那么，作为父母的我们，该如何针对这一问题，与孩子就某些事情达成统一意见呢？

成 长 加 油 站

1.进入孩子的世界，让孩子慢慢喜欢你

有位母亲这样讲述自己的教育经验——儿子喜欢什么，妈妈就去学什么。

"儿子初三的时候，就已经长到180厘米，酷爱打篮球。而我对篮球一窍不通，为了打入儿子的圈子，我专门去查资料，NBA、乔丹、科比、姚明……周末的时候，我会主动跟儿子交流：'晚上有NBA的比赛，我们一起看。'儿子当时特别兴奋。他会觉得妈妈很了解他的爱好，妈妈很'潮'，跟别的家长不一样。"

"儿子对我认可了，自然也就乐意跟家长聊天，这样家长关于学习和生活的提醒他也就肯听了。其实，这个时候的孩子也很要面子，家长一定要把他们当成大人看待。有一次我在路上遇到了儿子的同学，便很真诚地跟对方说：'很高兴儿子有你这么要好的同学，欢迎你经常到我家玩。'事后，儿子很高兴，他觉得妈妈很尊重他的同学，让他很有面子。第二天放学后,儿子兴奋地跑来说,那位同学夸我'很有气质、很优雅'。"

2.如果孩子不赞同你的意见,应了解其不赞同的原因

很多父母一听到孩子反对自己的观点,就不问原因,加以斥责,长此以往,孩子自然会疏远你。你应该给孩子辩驳和阐述理由的机会:"这件事,爸爸想听听你的看法……"有时候,孩子的世界是我们大人所不了解的,但却并不是无理的,我们应试着了解孩子。

3.父母要学会跟孩子交朋友

事实上,青少年都渴望交朋友,这就是为什么他们会有自己的朋友圈子而不愿与父母交流、对父母的观点嗤之以鼻了,而父母如果和自己的孩子交上了朋友,那就不需要再为不知道怎么跟自己的孩子交流而烦恼。

当然,对此,父母一定要主动,放下架子,主动去和孩子交往。比如,针对上网这一问题,我们不能盲目反对,因为孩子在上网时,也会有收获。看看你的孩子在上网时最爱干点什么,那你就去了解一下,应该就能找到一些共同语言。另外,如果你的孩子爱玩游戏,那么,在有条件的休息时间,试着跟孩子一起玩玩,这能让你的孩子更加喜欢你。当然,在游戏的选择上,可以挑一些竞技类和娱乐类的,娱乐的同时,培养孩子的竞争意识。

总之,要想与逆反期孩子愉快交流,父母就要了解逆反期孩子的心理特点,保持耐心,倾听孩子的想法,用爱引导与孩子的每一场交流,逐步建立信任与尊重的沟通桥梁。

第 2 章 02

面对青少年叛逆问题，父母要理智应对

孩子逆反,不必太较劲

场景一:

上初三的儿子染起了黄头发。

父亲:"谁允许你染头发的?你照照镜子,活脱脱一个小流氓,明天不染回来就不许进家门!"

儿子:"我就是喜欢,为什么要听你们的?"

父亲:"我是你爸,我就要管你。不管的话成什么样子了。"

儿子:"有什么了不起,你就会对我发脾气……"

一场父子之间的战争开始了。

场景二:

妈妈:"儿子,妈妈想跟你谈谈可以吗?"

儿子:"什么事?"

妈妈:"妈妈知道你最近交了几个朋友,他们对你也很好,但是他们毕竟是社会青年,不像你那么单纯,妈妈不阻止你跟他们来往,但妈妈希望你能多留点心,保护好自己。"

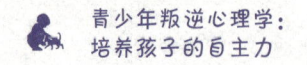

儿子："嗯，谢谢妈妈提醒，我明白，我会跟他们保持距离。"

以上两个案例中的场景，相信不少家长都遇到过。很明显，案例二中的母亲的做法才是正确的。孩子到了青少年阶段，大多是逆反的，如果我们不注意与他们沟通的方式，那么，很容易造成亲子间的沟通障碍，甚至产生矛盾。

不少父母发现，当孩子到了十几岁后，好像总是故意和自己作对似的，总和自己唱反调，因为此时的孩子已经进入叛逆期，与叛逆期的孩子沟通是很多父母头疼的问题。

孩子在进入叛逆期后，随着身体的成长和发育，他们的思维也日渐成熟，他们不再是从前那个对父母的话言听计从的孩子，他们开始有了自己的想法，开始思考人生，对于成长过程中的一些问题，他们更是困惑不已，然而，为了证明自己已经长大，他们不愿意将心底的话告诉父母，讨厌父母的关心和管教，甚至开始反抗父母，对家长的建议不加思考地一律做否定回答。这就是叛逆！

所以，大部分青少年都认为，长大的孩子，就不应该再听父母的话了，认为这是一种不成熟和没长大的表现，对此，家长一定不能和孩子较劲，而要加以引导，让孩子正确认识是否该听父母话。

作为父母，在与叛逆期青少年相处时，一定不要和他们较劲，为此，有以下几点建议：

成长加油站

1.不要让孩子盲目听话

童话大王郑渊洁说他从来没有对自己的孩子高声说过一句话，也从来没有说过"你要听话"。"因为我觉得把孩子往听话了培养那不是培养奴才吗?"因此,对于孩子的不听话,你不妨告诉孩子:"爸妈并不是要你盲目地听我们所说的每一句话,什么都听话的孩子就是庸才。"这样说,会很容易让孩子感受到父母对自己的理解。

2.鼓励你的孩子有自己的思维方式

一位幼儿教育专家到国外看到一个幼儿用蓝色笔画了一个"大苹果",老师走过来说:"嗯,画得好!"孩子高兴极了。这时中国专家问教师:"他用蓝色画苹果,你怎么不纠正?"那个教师说:"我为什么要纠正呢?也许他以后真的能培育出蓝色的苹果呢!"

其实外国教师或家长这样容忍孩子"不听话"是有道理的,它可以保护孩子的想象力,激发孩子的创造力。

同样,青少年阶段的孩子,他们也有自己独特的思维,作为家长的我们,如果用成人的思维方式对他们粗暴地干涉,就会扼杀他们的想象力和创造力。

3.给孩子一个行为标准

这个行为标准的制定必须是在和孩子已经站在统一战线的前提条件下,也就是孩子认可有时候父母的话是正确的。

此时,你应该告诉孩子一个原则,一个标准。在这个标准下,他知道什么事情要去执行,什么事情要坚决反对,掌握好这个度就可以了。不是不管他们,而是怎样合理地管的问题。

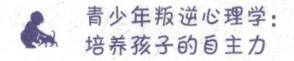

因此，综合来看，对于青少年不听话这一问题，我们一定要辩证地看，我们不需要培养那种盲目听话的"乖孩子"，因为"乖孩子"真正成为社会精英、业界尖子的不多，他们大多在一般劳动岗位上工作。

> **锦囊**
>
> 当然，并不是说"不听话"的孩子就一定聪明、出尖子。孩子的"听话"应更多体现在生活规矩、行为道德上，而青少年叛逆，有自己的想法，父母应做出正确的引导。

叛逆孩子，反面教育不如正面引导

杨女士是一家民营企业的创始人，平时管理公司一百多名员工井井有条，但在教育孩子的问题上，她却很苦恼，因为她的儿子总是和她作对，无奈，她只好求助心理咨询师，心理咨询师试着与这个孩子沟通，但出乎她的意料，这个孩子很合作。

"为什么总是与妈妈作对？"

他直言不讳地说："因为妈妈总是像教训、指挥员工一样对待我，我都感觉自己不是他儿子，所以我总是生活在妈妈的阴影里。"

心理咨询师把这名男孩的原话告诉了他的妈妈，然后把他们母子请到了一起，杨女士十分激动而又真诚地对儿子说："儿子，你和我的员工当然是不同的，妈妈希望你更出色！"

听完这句话后，心理咨询师立即给予纠正："您应该说'儿子，你真棒，在妈妈心里你是最优秀的，我相信你会更出色'。"

杨女士不明白为什么要纠正，心理咨询师说："别看这是大同小异的两段话，其实有着很大的不同，前者是居高临下的指挥，后者是朋友式的赞美和鼓励，我觉得您在教育孩子时，不妨换一种方式，多一些引导，和孩子做朋友，而不是教训孩子！"

杨女士听完，若有所思地点点头。

其实，杨女士的教育方式，在中国很典型，很多家长会以教训和指挥的口吻来教育孩子。在孩子还很小的时候，他可能会听话，但随着他们的成长，

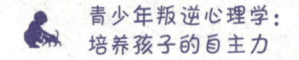

尤其是青春期的到来，他们开始出现强烈的自我意识，对于父母一味地教训和强制，他们开始用逆反的方式来加以反抗，久而久之，父母们发现，孩子好像管不住了，于是，他们开始着急了。其实，这是我们的教育方式出了问题，**教育孩子，尤其是进入叛逆期的孩子，我们要做的是引导，而绝不是教训，要尊重孩子，尊重他的人格，尊重他的意见。**不可动辄训斥，那样只会使他离你越来越远。

任何一位家长，都希望自己的孩子能健康、顺利地度过青春期，而孩子的叛逆心理，则是孩子生活、学习的最大杀手，同时，它也打扰了正常的家庭生活秩序，有些孩子甚至在青春期一味地反抗家长而走向了违法犯罪的道路，因此，在这个过程中，家长的疏导就显得尤为重要。

成长加油站

1.面对孩子的变化，不必大惊小怪

我们首先要做的是了解孩子身心的变化，然后，我们便能理解孩子的这些变化其实都不是什么大问题，在此基础上，我们就能坦然接受孩子的变化，并能转换角度，从孩子的立场看问题。

2.找出孩子产生叛逆心理的原因，有的放矢，对症下药

我们知道，每个青春期孩子产生叛逆心理的原因和表现都是不同的。

如果女儿只是尝试穿妈妈的高跟鞋，用妈妈的化妆品，或者儿子换了一种新潮的发型，您完全可以把这种现象当作普通的爱美之心。比如，你可以告诉孩子："妈妈知道你是想保持身材，这是好事情呀，追求漂亮是你的权利呀。但是你最好穿厚些，感冒了，会影响课程，那样你会难受和着急，那时候你还会有心情欣赏自己的体形吗？"

如果孩子事事和您作对，拒绝接受您的任何意见，就需要第三方的介入，让孩子信任的长辈与他好好沟通；或者寻求心理医生的帮助，进行家庭干预或家庭治疗。

3.与孩子交流忌从学习入题

同孩子交流，家长不要老以学习成绩入题，这样只会让孩子有压力，怀疑家长交流的动机。交流时，家长可以从家事入手，将孩子的情绪稳定下来后，再谈正事。

4.孩子的叛逆也可以预防

为了不让孩子出现逆反情绪，家长需要从小就和孩子建立良好的亲子关系，积极和孩子进行沟通。在和孩子沟通时，最好以朋友的方式，将孩子看作一个独立的个体。

锦囊

总之，青少年时期是人生的关键期，需要家长多些关心，但家长要保持平静心态，了解孩子成长的规律，更多地帮助孩子解决实际问题。

一定要尊重孩子的隐私权

多多是一名初二学生,最近她迷上了上网,可能是因为家里新买了一台电脑,一放学,她跑得比谁都快。回家后,她就钻进房间,打开电脑,有时候妈妈喊她吃饭都不愿意出来,作业到半夜还没做完。妈妈发现了女儿的变化,就留心观察了一下,原来孩子每天晚上会在网上等一个叫"旋风小子"的男孩子。

为了看看女儿是不是早恋了,妈妈那天早早地下班了,打开电脑,果然,女儿的聊天记录没有加密,她看到那些聊天内容,才知道原来自己多虑了,这个"旋风小子"是女儿小学时候的同桌,现在出国了,对国外的生活很不适应,就找女儿倾诉一下,然而,就在此时,女儿刚好回来,撞见了妈妈在看她的聊天记录,顿时火冒三丈,摔门而去。

几天后,她和丈夫终于在学校附近的一个网吧找到了女儿,她跟女儿道了歉:"是妈妈不好,我应该尊重你的隐私,你跟妈妈回去吧……"

后来,多多妈妈跟多多定了份契约:一、互相之间不撒谎;二、说过的话算话;三、不介入个人隐私。后来,多多和妈妈母女关系一直很好,无话不谈。

生活中,不少青少年的父母总抱怨,孩子为什么好像一下子多了很多隐私,面对孩子的隐私,他们产生了一些好奇的心理,于是,偷看孩子的聊天记录或者日记成了很多家长做过的事。其实,这样做,只会让孩子对你锁上心门,不再愿意与你说话。

作为家长有权利和义务监督和引导孩子上网,孩子有早恋的倾向也应该及时引导,这种引导方式应该正确的,而不是采取侵犯隐私的行为,否则,就会好心办坏事,使孩子难堪,在不知不觉中伤害了他们的自尊心。

隐私权体现的是人的尊严与价值,是宪法所保护的一项基本人格权,未成年人虽然还是孩子,但是也和成年人一样享受隐私权,同样不容他人非法侵犯,确立、尊重和保护未成年人的隐私权是文明进步的表现。因而,从小培养未成年人的隐私权意识,尊重未成年人的隐私权益,有利于促进其健康人格的形成。

在我们的生活中,很多父母可能认为孩子的生命都是自己给的,哪里还有什么隐私,因此,对于孩子的隐私问题,总是不以为意,他们会认为看看孩子的手机短信、聊天记录、日记等,都是天经地义的事,其实这是一种不懂法的表现。

事实上,孩子到了十几岁后,开始慢慢长大,他们渴望父母能给自己更多的空间,而有些家长总是想控制自己的孩子。适当的控制是必要的。但随着年龄增长,孩子的成长更多是靠孩子的自觉和自律,而父母要给孩子自主的空间,要尊重孩子,父母干涉过多,是很多青少年不快乐的原因。"最讨厌的事情就是父母亲偷看我的短信""上网聊天也要偷着瞧,一点自由都没有,真烦"这恐怕是很多孩子的心声。但家长们却左右为难:"我们不看的话,怎么知道孩子是怎么想的?"如何在家长的知情权与孩子的隐私权之间取得平衡呢?

成长加油站

1.用正确的态度看待孩子的隐私

任何人都有一些秘密和隐私,这是不希望被人知道的部分。我们应该知道,孩子心中有秘密存在是很正常的事,其中包括孩子的如意和不如意、成长经历等,没有什么值得大惊小怪。如果父母换个角度来考虑,假如孩子偷看了父母不愿意让人知道的信件或日记之类的东西,父母的感觉又怎样呢?因此,父母只有把孩子当成一个独立人来看待,保持孩子和自己在人格上是平等的心

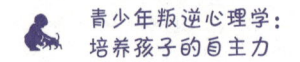

态，才会尊重孩子的隐私。

以这样的心态，父母就能从容面对孩子那点保留的秘密和隐私了。当发现孩子给书桌上锁、给电脑设密码时，也就不会草木皆兵、如临大敌了。

2.重在引导，少干涉

父母侵犯了孩子的隐私，他们的出发点并不坏，他们担心孩子出事，有时也确实是为了更多地了解孩子。但是，这种方法是不可取的，对于孩子的某些问题，要重在引导，要根据孩子的选择给他自由，不能多加干涉。即使你想了解孩子，并不一定要以窥探他隐私、牺牲孩子隐私为代价，而应该把孩子当朋友一样相处，充分尊重孩子人格与隐私，给孩子一个相对独立的空间，通过平等对话，交流情感，让孩子主动敞开心扉，把内心的秘密告诉父母。

3.培养孩子对自己的信任感

信任感的建立，是从生活中的一点一滴积累起来的，兑现对孩子的承诺，不能兑现也得说清理由，取得孩子谅解。承诺为孩子保守秘密，就一定要守信承诺，同时，家长可以根据自己孩子的年龄不断改变监管的力度和方法。平时多和孩子谈谈心，学会信任他，家长们应当将孩子当作一个完整和独立的人来看待，学会尊重孩子，学会理解孩子。

锦囊

> 总之，作为父母，我们要主动改变观念，改变单一管理孩子的理念，不要再把你的孩子当成你的附属品了，你需要把孩子当成一个具有完整人格的独立人来平等看待，尊重孩子，从尊重孩子的隐私权开始！

叛逆期的少年渴望摆脱束缚，如何引导

在王先生的家中，从儿子上学以来，都是由他每天接送。这天下班后，王先生还是和平时一样，在学校门口等儿子出来，但是放学时间都过了半小时了，还是没看到儿子。

王先生觉得事情不妙，于是，他赶紧给儿子打电话，但儿子却关机了，他意识到儿子肯定是出事了，赶紧通知老师和妻子，希望大家帮忙找找，最后，王先生发现儿子一个人坐在学校篮球场的角落里。

王先生和妻子纳闷儿了，为什么儿子不回家呢？后来，在沟通中，王先生才明白是自己的管教太严了，总是不许儿子这样，不许他那样，十几岁以前，孩子确实是个听话的孩子，可现在孩子觉得这样的管教很窒息，他甚至觉得家就像个牢笼一样，所以他害怕回家。

王先生苦恼：现在的孩子到底该怎么教育？

这里，王先生的儿子为什么不想回家？因为家对于他来说就是束缚。生活中，我们每个人都需要自由。其实，我们的孩子也是一样，如果我们束缚住孩子的手脚，让他不许做这个，不许做那个，对他大包大揽，那么，孩子会感到窒息，他的一些个性、心理也会被压抑。而随着孩子慢慢长大，尤其是到了十几岁以后，他们的自主意识也越来越明显，对于无法呼吸的成长环境，他们一定会反抗，一些孩子可能会通过沉默、拒绝和父母说话反抗，一些孩子就会

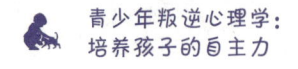

选择不回家甚至离家出走。

每个青少年，都希望被他人尤其是自己的父母理解，于是，很多孩子举着"理解万岁"的大旗高呼"父母不理解我"，"渴望自由"似乎是青少年最直接描述，每个孩子都希望生活在一个民主的、和睦的家庭中，这样的家庭才会给孩子一个温暖的归属，当家庭不和睦时，孩子就会有被抛弃感和愤怒感，并有可能变得抑郁、敌对、富于破坏性，还常常对学校作业和社会生活不感兴趣。

<u>可见，任何一个孩子，都希望得到父母的认可和尊重，希望父母承认自己已经长大，能够处理一些自己的事情，需要更多的空间</u>，而更多时候，家长往往认为他们是成未成年人，所以对他们抱有一定的不信任态度。有些孩子一旦发现，便会觉得自己被父母轻视，小看了。这往往会打击他们的积极性，使他们也对长辈产生半敌视心态。

作为父母，我们要记住的是，孩子也是独立的个体，而不是我们的私有财产。那么，怎样才能给孩子提供一个足够自由的空间呢？

成长加油站

1.不要过度保护孩子

任何一个孩子的成长过程都不会是一帆风顺的，但也是充满乐趣的。他们会摔跤，作为父母，我们不能扶着他走，因此，如果你的孩子想尝试，那么，你应该鼓励孩子，让孩子有尝试的勇气，而不是说："算了，多危险，不要做了。""小心点，你会伤害自己的！""你不能做这个，太危险了！"这样，孩子即使想尝试，也会被你的提醒吓退的。

2.让他自由支配的时间

虽然孩子还小，但我们也应该尊重他，让他有一些自己可以独立支配的时间，比如，晚上空余时间，孩子想睡觉，还是看书等，我们不要干涉。

锦囊

总之，任何一个孩子，他的成长都需要自由的空间。自由就好像空气一样，孩子成长的过程中，没有自由，他们是无法健康、快乐成长的。因此，要想使孩子成长得更快，我们就需要给他提供足够的自由空间，而不要限制他的自由。

多建议少命令，让孩子更易接受

我们发现，在不少家庭中，很多家长在要求自己的孩子做事时，往往喜欢使用命令句式，因为他们以为，孩子天生是听话的，应该由别人来决定他的一切，如"就这样做吧""你该去干……了"。而这种语气会让孩子觉得家长的话是说一不二的，自己是在被强迫做事，即使做了心里也不高兴。而到了青少年阶段，很多父母发现，自己的这招似乎对孩子不管用了，甚至一些孩子会和父母对着干。很多父母纳闷了，怎么孩子越来越不听话了。其实，对于逆反期的孩子来说，他们需要的是父母的尊重、理解和支持，而不是命令和训斥。<u>所以，我们在与孩子沟通时，不妨将命令式语气改为启发式语气</u>，如"这件事怎样做更好呢""你是否该去干……了"，这种表达方式会让孩子感觉到家长对自己的尊重，从而引导孩子独立思考，按自己的方法主动处理好事情。

这天，在一个心理诊所，一位母亲表示很苦恼，希望得到医生的帮助。这位母亲说，他的儿子过了这个暑假就念初三了，可不知怎么回事，这个暑假一开始，她就感到儿子好像变了一个人，平时要么一个人闷在房间里上网、玩游戏，要么就是对家长不理不睬。更奇怪的是，前两天她和爱人想跟儿子好好沟通一下，谁知没说几句话，儿子就顶撞说："我就是不知好歹，不可理喻。"还用电脑打了"请勿打扰"几个字贴在自己的房间门上，气得她无话可说。

而心理医生在邀请了这位女士的儿子也参与心理咨询中时，这个男孩告诉心理医生："我妈一开口就命令我，好像命令他们单位的员工一样，我受够了，索性不跟她说话。"

实际上，和案例中的这位母亲一样，我们很多家长在与青少年沟通时，都认为自己是过来人，在很多问题上更有"发言权"，于是，他们更喜欢命令孩子，而这一阶段的孩子开始有着强烈的自我意识，所以，一旦孩子坚持自己的立场，那么，便极容易出现一种对立的关系。

其实，对于每一个青少年来说，他们确实有很多困惑，他们更希望我们的家长能以朋友的身份倾听他们的烦恼，更希望家长能给他们一些中肯的建议，而非强制性的命令，因此，我们每个家长都要尽量放下长辈的架子，将命令改为建议，进而与孩子沟通。具体说来，我们要做到：

成长加油站

1.了解孩子的逆反心理

青春期到来之后，随着生理上的变化，孩子的心理也会产生强烈的冲击。自我意识的增强，让他们开始逐渐认识到一个不同于儿童时代的"我"。此时，他们会发现，原先的自己只不过是父母、老师的"附属品"，甚至连他们的个性似乎也是父母长辈们造就的。当认识到这一点以后，他们开始生气了，开始渴望与原先的我，与对父母的依赖决裂，他们要求独立、自主，从原先的一切依赖中挣脱出来，寻求真正的自我。因此，如果老师管教他们，他们就会觉得又做回原先的"我"了，于是，他们急于"发泄"自己。

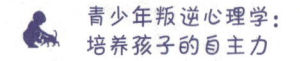

2.给自己"洗脑",摒弃传统的家长观念

我们要想使自己与孩子的关系更加亲密,让孩子乐意与自己"合作",家长首先要做的就是给自己"洗脑",即打破那种传统的家长观念,不是去挑孩子的毛病,而是不断使自己的思维重心向这几个方面转移:孩子虽然小,但已经是个大人了,他需要尊重;我的孩子是最棒的,他具备很多优点;允许孩子犯错误,并帮助孩子去改正错误……

锦囊

我们不能太看重自己作为长辈的角色。因为长辈意味着权威和经验,意味着要让别人听自己的。

孩子反感老师，如何耐心引导

吴先生五年前就离婚了，那时候，他的女儿丫丫才八岁，而转眼，女儿已经上初二了，人们都说单亲家庭的孩子难管教，吴先生现在才知道。而吴先生最担心的是丫丫的学习，因为丫丫严重偏科，通常来说，丫丫在语文和英语这两门课上，都能考到高分甚至经常拿第一名，但对数学却一窍不通，即使吴先生经常告诉丫丫："学好数理化，走遍天下都不怕。"但丫丫对数学还是提不起兴趣。后来，吴先生通过了解才知道，丫丫最讨厌班上的数学老师，而这件事，则因为半年前数学老师对女儿的一次管教。

那天，吴先生急急忙忙下班回家，就开始做饭，之后，女儿回来了。一进门，女儿就把书包重重地摔在桌子上，吴先生不解："怎么了，这么大脾气？"

"没事，做你的饭吧，我不吃了。"说完，女儿又拿着书包回了房间。

晚上，无论吴先生怎么哄，女儿都不肯吃饭。

吴先生这才想起来，自打那次之后，女儿好像就不怎么做数学题、看数学书了。

可能很多青少年都被老师管教过，大部分的原因不外乎上课不听课、打架、考试成绩差等，但这个年龄段的孩子，一般都不服老师的管教，这也就是为什么丫丫会因此大发脾气。

青少年一般来说已经进入小学高年级或初中了，无论面对的是小升初考试还是初中升学考试，他们的学习强度都开始增大，如果跟不上这种强度的变

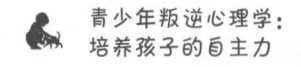

化，孩子就会对老师产生逆反心理，进而不服老师的管教。

学习是孩子生活中最主要也是最重要的部分。但如果孩子不服老师的管教，甚至出现一些负面情绪，那么，很可能导致其对学习产生厌烦情绪，甚至厌学等，因此，我们一定要做好孩子的心理疏导工作。

这需要我们这样与孩子沟通：

成长加油站

1.稳定情绪，即使孩子已经燃起怒火

要做到这一点，我们需要不断提醒自己：孩子的行为并非针对个人。牢记青少年就是一个易激动、脾气坏的群体，因此，即使你的孩子把坏情绪带到家中，你也要给其发泄的机会，而不应该强行压制。

要避免争吵。对于情绪中的孩子，争吵只会激化矛盾。

2.为孩子创造安全的家庭气氛

可能你的孩子会觉得，被老师惩罚是一件很丢人、令人伤心的事，此时，你要让孩子知道，家庭是一个保护他的地方、一个温暖的港湾。而创造一个安全的家庭气氛对孩子至关重要。

你可以鼓励你的孩子："看得出来，今天你受了委屈，能跟妈妈说说吗？"这句话，会让你的孩子感受到你的关心和理解。

3.和老师沟通，弄清事情原委

如果你的孩子只是做作业不认真或者上课开小差等，那并无大碍；而如果他严重违纪或者做出一些出格的事，就需要你引起注意，密切观察孩子的举动，以防孩子走上歧途。

> **锦囊**
>
> 总之，对于青少年，生活中的一点一滴都可能触动他们敏感的神经，作为家长的我们，一定要对孩子多加关心，并及时帮助孩子疏导那些不良情绪！

第 3 章 03

打造充满爱与自由的成长环境，
能有效避免青少年冲动叛逆

民主的家庭环境，孩子才愿意畅所欲言

这天，儿子放学回家，进门就把书包丢在桌子上，然后对着在厨房做饭的妈妈嚷嚷："妈，从明天开始，我不去学校了，你别劝我！"

妈妈是个温和的人，她不像丈夫那样脾气火暴，她知道儿子肯定是受了什么委屈。

"为什么不去呢？"

"没什么，感觉不太舒服。"

"不舒服，哪里不舒服？怎么不早点请假回来呢？"

"不想耽误学习啊，你别问了，反正我不去了。"其实，妈妈是聪明的，儿子说话这么有力气，怎么会身体不舒服，一定另有隐情。

"可是，今天不舒服，明天不一定不舒服啊，要不，妈妈带你去医院吧。"妈妈在说这话的时候，故意露出一点笑容，儿子明白，妈妈看出端倪了，于是，他只好说："妈，你儿子是不是很没用啊？"

"怎么这么说，我儿子一直是最棒的，有最棒的体格，最棒的学习接受能力，待人温和，还疼妈妈。"

听到妈妈这么说，儿子笑了，主动说出了今天遇到的事："妈，今天老师叫我们写一篇作文，我写错了一个字，老师就嘲笑了我一番，结果同学们都笑我，真没面子！"

此时，妈妈没有说话，只是搂着伤心的儿子。儿子沉默了几分钟，从妈妈怀中站了起来，平静地说："谢谢你听我说这些事，我要去公园了，同学们还等着我呢。"

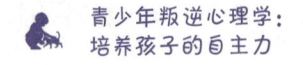

从这个故事中，我们看到一对母子间的和谐关系。可见，懂得和孩子沟通的父母，绝不会不给孩子说话的机会。

任何父母，都希望自己的孩子把自己当朋友，尤其是青少年的父母，他们更希望孩子能向自己吐露心声，但事实上，我们看到的却是很多父母和孩子之间上演的口水战，一些孩子因为父母剥夺自己说话的权利而和父母争论。久而久之，孩子也不再愿意与父母沟通了。<u>而聪明的父母都会引导孩子发表自己的意见，让孩子畅所欲言。</u>

其实，不仅是青少年阶段，孩子自出生后，就有发表意见的要求，比如用手去触摸自己喜欢的东西，不喜欢有些长辈抱自己时，就大声哭闹，对于那时孩子的这些行为，父母一一接受了，可是随着年龄的增长，父母为什么又把这种自主权收回了呢？<u>压制孩子发表意见，就是压制他的主见，这对孩子的成长是极为不利的，会让青少年关上自己的心门，不愿与父母交流。</u>

其实，孩子要求发表意见、要求自主的意识是随着年龄的增长越来越强烈的，父母要给予孩子尊重，给他发表意见的机会，而不能压制。

为此，教育心理学家建议家长注意以下几点沟通要点：

成长加油站

1.不要压制孩子的想法

即使孩子的看法与大人不同，也要允许孩子有自己的想法。父母应考虑到他的理解能力，举出适当的事例来支持自己的观点，并详细地分析双方的意见。父母不压制孩子的思想，尊重孩子的感觉，孩子自然会敬重父母。

2.支持孩子在小事上自己拿主意

家长可以支持孩子自己管理自己，并提醒他界限何在。当孩子做选择时，他觉得自己的确享有主导权，这一点会令他开心。

3.父母保持适当的权威

许多家长也许在自己的孩童时期，所接受的教养方式是极端权威的，父母说一，他们决不敢说二，所以，他们从未享受过发表自己意见的权利。于是，他们把这种教育方式沿袭到了自己孩子身上。而如果孩子所争取的是对他自己的自主权，而不是对父母的或其他人的管理权，那么他的要求就没什么不对。父母应将大人的权力保留在适当范围内，别将它过分延伸到孩子身上。但同时，也要让孩子尊重父母的权威。不过尊重孩子的权利同时，要坚持对孩子有利的一些原则。

> **锦囊**
>
> 事实上，任何一个孩子，从襁褓时期对父母完全的依赖，到发展自我意识、建立自信、试验探索，终于长大成一个独立的成人，这都需要主见的培养，要想孩子有主见，父母可以遇事问他的看法和想法，这样，孩子能感受到被尊重，那么，这样不但让他学会了独自思考，还能拉近亲子间的关系，让孩子对我们敞开心扉。

引导是关键，别动不动和孩子发脾气

我们不能否认，每一个孩子都是随着问题成长的。面对孩子的一些错误的行为，很多家长一直沿袭传统的教育方式——打压式，并和孩子斗气，企图将孩子的错误行为和观念遏制住，然而，这种方式多半是无效并且是适得其反的。尤其是对于叛逆的青少年来说，这种方法无疑会加重亲子关系的紧张。因为如果我们总是板着面孔训斥，或者声泪俱下地唠叨，久而久之孩子也会厌烦，我们的教育如果只是让他感到恐惧和厌烦，那么他除了逃避，还能怎样呢？

不得不说，现代社会很多青少年身上的毛病，比如撒谎、顶牛、冷漠、暴力，等等，说不定就是对我们粗暴简单的教育方式的逃避和反抗。有时候，我们教训孩子时情绪激动，忍不住劈头盖脸、滔滔不绝，结果他也愤怒，双方越说越僵，都气急败坏，最后不仅教育的目的没有达到，反而破坏了做事的心情，很多的时间都耽误了。更可怕的是，下次再有类似的事情，孩子根本不愿意与你沟通了，家长和孩子之间的障碍就是这样形成的。

有位妈妈就有这样的困惑：

女儿上五年级了，学习成绩不错，但就是有个小毛病，对东西很不珍惜，刚买回来的衣服穿不了几次就不喜欢了，吃东西也是吃一半丢一半，对家人也漠不关心。为此，妈妈很是伤脑筋，正在她准备让女儿尝尝家法的时候，丈夫出来阻止，他告诉妻子,打是没有用的,不妨对女儿进行一次"忆苦思甜"教育。妈妈觉得有理,就买了两张票,陪女儿去看芭蕾舞剧《白毛女》。

在看完舞剧从剧院出来的路上,妈妈问女儿有什么感想,女儿想都没想就说:"喜儿去当白毛女,我看是让她爸逼的。借债还钱本来就是天经地义的事,杨白劳借了黄世仁的钱,为什么不早点儿还给人家,逼得女儿躲进山里?喜儿也够傻的了,黄世仁那么有钱,嫁给他算了,干吗要到深山老林去当白毛女?"

这一番言辞让妈妈目瞪口呆。

"我女儿好像是从另一个星球来的,怎么什么也不懂,真拿她没办法!"

这位妈妈困惑了。自己小时候看《白毛女》电影时,为喜儿流了那么多眼泪,恨死了黄世仁,可今天同样的故事,孩子怎么看不懂了呢?

那么到底该怎么办呢?孩子是打也打不成,骂也骂不得,文化教育也是无效。此时,丈夫对她说,孩子不懂历史,又没体验,她不知道今天的好日子是怎么来的,当然会产生这么幼稚的想法。

于是,这天晚上,妈妈和丈夫都放下手头的事,邀请爷爷奶奶一起,谈起了那个艰苦年代的生活,刚开始,女儿有点不耐烦,但听到后来,女儿越听越有兴致,听完后,她说:"我终于知道妈妈为什么带我去看舞剧了,也明白奶奶为什么那么节约了,我以后也绝不乱花钱了。"

听到女儿这么说,夫妻俩相视一笑。

这里,我们发现,这位夫妻的教育方法是正确的,当孩子有大手大脚、浪费的生活习惯时,他们并没有选择与孩子斗气、对孩子进行打骂教育,而是寻找更为积极的方法,在前一种方法行不通的情况下,他们便让孩子了解历史,了解父母所经历的风雨,继而让孩子理解父母的良苦用心。

的确,可能很多父母认为孩子不懂事,不理解父母甚至不听话,但你真的了解孩子吗?他们与我们有着不同的成长环境,又怎么能要求孩子与我们有同样的行为习惯呢?**而要改变孩子的行为和观念,强行压制是没有用的,正确**

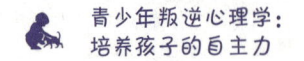

的方式是根据孩子的具体情况进行巧妙引导。

所以，家长应该有这样的意识，孩子是孩子，我们自己是自己，这是两码事。虽然孩子的思维和心理发展还不成熟，他和成年人一样拥有人格尊严。但是，尊重不代表同意、支持，更不是全盘接受。尊重不等于放任与放纵，更不是放弃，尊重是允许对方以不同于自己的方式存在。在遇到分歧时，我们不妨按以下三步来试试：

第一，先考虑一下孩子的意见，看是否有道理。

第二，与孩子一起讨论，可以相互妥协，各让一步。

第三，如果双方意见统一了，就按照约定去做，如果不统一，要讲道理，有时也可以先延后再说。

另外，在与孩子沟通时，需要注意以下几点：

成长加油站

1.注意场合和时间

与孩子交流感情的时候，最好是睡觉前，这是孩子心情最为平稳的时候。

2.营造和谐的沟通氛围

和谐的气氛永远是与孩子沟通的最好添加剂，要专心听他们的意见和看法，要理解他们的情感和需求。

3.平行的对话艺术

聪明的家长与孩子谈话时，并不总是正面对着，而是并肩同行，朝着一个方向，这样谈起话来，显得轻松、自然、很有人情味，孩子愿意听，也乐于接受。

> **锦囊**
>
> 总之，在教养孩子尤其是有逆反心理的青少年时，家长们要摒弃从前的打骂式教养方法，与其对孩子发脾气、训斥，不如寻找积极正面的方法引导，让孩子在民主、和谐的家庭环境中成长，让他们感受到来自父母和其他家庭成员的尊重，孩子才会乐意接受我们的意见，才能少点叛逆心。

营造宽松和谐的家庭氛围,让青少年健康成长

提到家庭生活,我们想到的多半是天伦之乐,父母相亲相爱、孩子听话懂事,的确,在这样的家庭环境下,家庭成员能时刻保持良好的心情,对生活充满向往和希望。这样的家庭中的成员无论是工作还是学习中都是精神饱满、积极向上、劲头十足的。对于叛逆阶段的青少年来说,这样的家庭氛围也能抚平他们内心的焦躁,让他们更愿意和父母沟通,更愿意接受父母的指引。而如何制造妙趣横生的家庭生活,重在父母,<u>父母需要放下家长架子,不必不苟言笑,而应该融入孩子的世界中,与孩子轻松交流。</u>

曾经有教育专家对一批婴幼儿进行了长期的跟踪调查,调查发现,那些在温馨和谐的家庭环境下成长和生活的儿童,有这样一些优点:活泼开朗、大方、勤奋好学、求知欲强、智力发展水平高、有开拓进取精神、思想活跃、合作友善、富于同情心。

而另外有一项调查,少管所中的孩子,普遍长期和父母关系不和、总是吵架,甚至父母离异、对孩子不管不顾,家庭环境严重影响了孩子的身心健康发展,致使孩子走上邪路。

家庭成员间的关系不同,会对孩子产生不同的影响。

那些幸福、温馨的家庭中,成员之间是互相信任的,在这样的环境中成长,孩子终日耳闻目睹,它的感染力是巨大的,潜移默化地使孩子无形中学会了热情、诚实、善良、正直、关心他人等优良性格品质。

另外,在这样的家庭环境中,成员之间是互相爱护的,对于孩子,父母

也是疼爱有加的，除自己的学习和工作外，有更多的精力关心孩子，这有利于孩子的智力开发、知识的积累以及能力的提高，为以后的学习打好基础。

孩子犹如一株嫩苗，在一个和谐的家庭中才能健康地成长。**为了孩子，也为了全家的幸福，父母应该随时保持好心情，从而为孩子创造一个良好的成长环境。**

那么，作为父母，我们该如何营造轻松和谐的家庭氛围呢？以下是几点建议：

成长加油站

1.作为父母，自己首先要对生活有一种乐观的态度

父母是孩子的模范，孩子的情绪受父母行为的直接影响，与孩子相处时，父母必须乐观一点。当孩子有挫折感的时候，只有积极乐观的父母才能成为他依靠、慰藉的港湾。

2.给孩子一个祥和的家庭氛围

"你滚吧！想去哪里就去哪里！"这是家庭冲突爆发时，家长常对孩子说的一句话，父母与子女争吵，互不相让。有些父母利用孩子依赖性强的特点，动辄用这句话来恐吓孩子，发泄心中的不满。不少性格要强的孩子，实在无法忍受父母的嘲讽被迫离家出走，这些无疑是孩子一些坏心态的源泉：消极、悲观、自卑、浮躁、骄傲、自大、贪婪、偏执、嫉妒、仇恨等，它们就恰似愁云惨雾的阴霾，浓烟滚滚的烈焰，消磨孩子们的意志，炙烤孩子们的心魂。

相反，在相互关爱的家庭中，孩子会多一份责任感，会体会到家长的艰辛，这样的孩子往往是积极向上的。

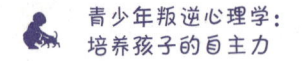

3.随时观察孩子的情绪和心理变化

作为父母,在生活中,不要只关心青少年的学习成绩、名次,也要关心他们的情绪变化,比如孩子在学校有没有受到什么委屈,学习上是不是有挫败感,最近在跟哪些人打交道等,当然,了解这些问题,我们要通过正面与孩子沟通的方法,不要命令孩子告知,也不可窥探,只有让孩子真正感受来自父母的关心,他们才愿意向你倾诉。

事实上,青少年是脆弱的、敏感的、容易受伤的,当孩子出现不良情绪时,你要让孩子尽情宣泄,就让他去哭个涕泪滂沱,而不是劝孩子"别哭别哭""男孩子不能哭"这样的话。告诉孩子:"我知道你很难过。"或者什么都别说也好,给孩子独处的空间和时间去消化自己的情绪,帮孩子轻轻带上门就好。

4.相信孩子

要让孩子喜欢自己,家庭就要给孩子认同感。在教育孩子学会乐观地面对人生时,除了多与孩子交流,培养孩子的自信心之外,还有一个很重要的方面,就是首先父母要相信自己的孩子,给予孩子鼓励和支持。更重要的是要帮助孩子进取,克服一些他现在克服不了的困难,只有这样,才能教会孩子以正面积极的心态处理事情。

> **锦囊**
>
> 父母首先要学会管理自己的情绪,不把不良情绪带给家庭、带给孩子,要塑造出一种安全、温馨、平和的环境,用欣赏的眼光鼓励自己的孩子,让身处其中的孩子产生积极的自我认同,获得安全感,让其能自由、开放地感受和表达自己的情绪,使某些原本正常的情绪感受不因压抑而变质。

真正将青少年当成家庭一员，鼓励其参加家庭讨论

很多父母心疼孩子，什么都不让孩子做，什么都替孩子代劳，久而久之，孩子不但缺乏独立能力，更缺乏对家庭的责任心，而随着孩子逐渐长大，随着他们自我意识的增强，他们会认为自己在家庭中没有得到应有的尊重，这正如鲁迅先生曾说过的："小的时候，不把他当人，大了以后也做不了人。"**任何一个青少年都很希望得到大人的认可，因此，我们在日常的沟通中，一定要将孩子真正当成家庭中的一员，这不但能增进亲子关系，更是促使他们迅速成长的一个好方法。**

的确，父母总心疼孩子，不管家里发生大小的事。都不让孩子费心。青少年长期生活在这样的家庭环境中，很难培养对家庭的责任感，更重要的是，他们很难感受来自父母的平等的对待，为此，教育心理学家建议父母让孩子参与家庭讨论，在这样的亲子沟通中，父母把孩子当成家庭的一员，能让孩子感受到尊重，这是我们了解孩子的最好方式之一。

为此，我们要做到以下几点：

成长加油站

1.引导青少年表达内心的感受

很多家长和孩子之间缺少沟通，只是一味地给孩子安排一切。还有一些做父母老爱念着一些夸耀自己、贬低孩子的"咒语"，诸如："你看，我就知

道你做不到。""我们那时候自觉得很,哪像你这样。"这些"咒语"潜移默化地内化为孩子对自己过低的评价,从而让孩子丧失了勇气和信心。

家长可以经常通过家庭讨论,来帮助孩子更好地了解和表达自己的情绪。除了温和地询问:你其实是想说什么?你还可以给他一些参考。等孩子逐渐学会了解自己的内心感受,那么,即便你不在旁边,他也可以清楚地向周围的人表达自己的感受了。而家长与青少年之间的亲子关系也就更加密切了。

2.尊重孩子的意见,允许孩子有不同的看法

"孩子是小人,小人也是人。"做父母的应尊重孩子,把他当作家庭中平等的一员来对待,要尊重他在家庭中的地位,任何涉及孩子的事情,应尊重或听取孩子的意见。要尊重孩子的见解,甚至当你不同意时,也要以商量的口吻表示对孩子的尊重。如:对话时,不要打断或反驳孩子;不要干涉孩子做自己喜欢的事等。

3.有些事让孩子自己来解决

我们可以告诉孩子:"我相信你可以自己做到。"这是个有魔力的句子,它可以让孩子感觉自己是受欢迎和受尊重的,甚至肯定自己的能力,这样,对增强孩子做事的信心是大有益处的。

4.让孩子明白真的需要才能得到

"××都买手机了,所以我也要一个。""小明爸爸让他吃冰激凌,那我也可以吃。""他可以,所以我也可以。"……这是小孩子最常用来跟你讨价还价的简单逻辑。家长可以借家庭讨论清楚地告诉孩子:不同的人有不同的需要。你要让孩子了解:每个人只有在他真正需要的时候才能得到。

同时,也可以听听孩子内心的声音,比如:"我真的不喜欢你给我买的

那件棉衣，下次能让我自己挑吗？"

孩子也是家庭的一员，并且，对于青春期的孩子来说，他们已经有了一定的行为能力，我们应该给他参与讨论家务事的机会。家里的椅子坏了，房间该粉刷，是否要养宠物，这些事都可以在家庭会议讨论时，让孩子帮忙出点子，再要求孩子说出这样做的理由，有时孩子会有他的惊人之见。

虽然名为家庭会议，但举行的方式可以是很轻松的，比如说选定每个月第二个星期天下午。大家可以一边喝茶、吃点心，一边讨论家务事，就算没有重要的事情需要商量，大家在一起聊天也很好，甚至可以玩成语接龙游戏、说故事、猜谜语，这些都可以在家庭讨论时进行。

请记住，家庭讨论的目的是要找个时间、认真听孩子说话，如果有事要取消时，一定要先征询孩子的意见，让孩子有受尊重的感觉，并且让孩子重视家庭会议。一般不要随便取消家庭会议；多听孩子说话，不要急着反对孩子的意见，鼓励孩子勇于表达自己，争取别人的认同；表达自己的意见是很重要的事，要让孩子的意见让大家听见，并且赢得大家的尊重。

锦囊

总之，在家庭教育中，我们要从身边的小事开始，让青少年参与到各种家庭活动与沟通中，让他们真正感到自己是家庭中的一员，这样他会明白生活的艰辛和持家的辛苦，他能懂得如何经营一个家庭，这也有助于孩子独立自主能力的培养，更重要的是，在这样的互动过程中，亲子关系能得到进一步提升！

父母做错了，也要学会勇敢地向孩子道歉

日常生活中，无论是成年人，还是孩子，都难免犯错，但是这个过程中，我们发现，孩子向父母道歉的情况比父母向孩子道歉的情况要多。因为一般情况下，我们都觉得作为未成年人的孩子更容易做错事，而作为父母，即便是做错事了，他们也认为自己不需要道歉，他们觉得自己处在一种比较高的地位。其实，这样做的直接后果是，给孩子树立了一个不负责任的负面形象，并且，对于已经有独立思考能力的青少年来说，他们会产生一种"不服气"的逆反心理，久而久之，对于父母的管教，他们也会不服从。

现代教育要求家长与孩子沟通，就是要父母和家长不能把自己和孩子放在绝对两极的位置，家长对孩子做错事了，也应说一句"对不起"。 或许碍于面子，有些家长知道是自己错了，还是硬撑着、扮强势。对于有逆反心理的青少年来说，家长向孩子说一句"对不起"，不会有损父母的权威，反而会构建起一个平等的交流平台。而更为重要的是，家长起到了以身作则的作用，给孩子树立一个负责任的形象。

毛毛的妈妈发现钱包少了50元钱，就一口咬定是毛毛拿了。毛毛说没拿。妈妈不信，先是"启发"孩子："需要钱可以向我要，但不能自己拿！"后来就越说越生气，警告毛毛："不经允许拿妈妈的钱，也算是偷！"毛毛不服气，母子俩就吵了起来。这时毛毛的爸爸回来了，忙解释说："钱是我拿的，还没来得及告诉你呢。"

妈妈这才停止了对儿子的逼问，但又补上一句："毛毛，你可要记住，花钱要管妈妈要，可不能偷偷地自己拿啊。妈妈的钱可是有数的！"毛毛觉得受了不能容忍的侮辱，一气之下，离家出走了！

在另一个家庭中，小会的父亲急了，明天就要期中考试了，小会不在家温书，上哪儿玩去了？过了会儿，小会回来了。父亲没等小会解释，就开始数落。小会没言语，进屋学习去了。过了几天，隔壁的张叔叔忽然登门向小会表示谢意。原来那天张叔叔家来了电报，小会想一定有急事，于是赶紧把电报送到了张叔叔单位。电报上说，张奶奶病危，让张叔叔速归。就这样，张叔叔终于在妈妈临终前见了老人一面。小会爸爸一听才恍然大悟，十分后悔那天不该如此武断地批评孩子。晚上，小会爸爸请小会坐下，十分诚恳地做了自我批评，向孩子道歉。这事之后，小会更爱爸爸了。

上面两个事例，一反一正，给人以启迪。在家庭生活中，家长说错了话，办错了事，甚至冤枉了孩子，都是难免的，关键是发生问题后家长怎样处理。

我们和孩子相处和沟通，应该是民主平等的，不能摆家长架子。错怪了孩子，就主动道歉，而且态度要诚恳，不敷衍。有些家长认为这样做会有失尊严，其实不然，青少年阶段的孩子已经有独立思考的能力，所以他们是明理的。父母向孩子认错，给孩子树立了有错必改的榜样，会使孩子由衷地敬佩父母的见识和修养，并学会勇敢地为自己的行为负责，让孩子从小形成一种责任意识。同时，孩子也会更加信任父母，使一家人和睦团结，为孩子创造健康成长的良好环境。家长的威信不但不会降低，反而更高了。

可见，家长做错了事，肯不肯向孩子道歉，不仅影响着两代人的情感，也关系着孩子的进步与成长，是家长应该学会使用的一种教育手段。

在现在的家庭教育中，家长如果从不向孩子承认自己的缺点、过失，孩子就会产生"父母永远标榜自己正确而实际上总是出错"的观念。久而久之，对父母正确的教育，孩子也会置之脑后。如果对孩子做错事后，父母能郑重向孩子认错、道歉，孩子就会懂得承认错误并不是一件可耻的事，就会提高分辨是非能力，尝到原谅别人的滋味。

故此，为了让孩子能树立责任意识，父母不妨做到以下几点：

成长加油站

1.注意方法

青少年已经有了自己的独立判断能力，向他们道歉，其实父母不用说太多大道理，只需要给出一些行动，比如手势、表情、做法等，很自然就可以让孩子知道在这件事上，父母做错了，而且父母在向他们道歉，并不需要说太多的话。如果孩子知道这种做法是错误的，那么他们一般就不会犯这样的错误。

2.注意道歉的态度

父母道歉的态度也是很重要的，不能过于生硬，或者轻描淡写。这些错误的态度，即使道歉了也不能挽回什么，只会加深误解，因为孩子到了青春期，已经能明显感觉得到父母态度的不同，意识到父母是不是在敷衍。因此，父母应用真诚的态度来道歉，不要说碍于面子或者身份，不愿意向孩子道歉，或者只是略微地说一下。父亲撞到儿子，这时候，父亲与其说"我不是故意的"，倒不如真诚地对他说"对不起，孩子，我撞到了你"。父亲这时候大大方方的道歉比不真诚的辩解更能够得到儿子的尊重。

总之，家长在与孩子的沟通中，要言传身教，向孩子认错、道歉，这是培养孩子责任心的重要方面，其实，我们的孩子最早的学习是从模仿开始的。他们从很小的时候开始，就会将看到、听到、感觉到的东西"融化"在正在发育的大脑里，并在以后的生活中不知不觉地加以模仿，不仅限于行为举止，而且包括思维方式、情感取向，以及个人性格等。一个在生活中处处表现得不负责任的父母，即使想教育孩子做事要有责任心，孩子也会很不服气，很不以为然。所以当我们的孩子做错事时，家长更应该以身作则。使孩子能具体地感受到责任意识在生活中的重要性，从而主动、积极地养成责任习惯。

锦囊

父母勇于承认自己的错误，更有助于打造民主和谐的家庭氛围，在这样的环境下成长的青少年，也愿意与父母沟通，这对于抚平他们的叛逆情绪和青春期焦躁情绪大有裨益。

第 4 章 04

培养青少年的自主沟通能力，
父母先要放下家长架子

青少年有太多心事，需要被倾听与理解

刘先生发现，女儿小美进了初中以后，似乎变得不像小时候那样听话了，经常在学校和同学吵架、闹矛盾，甚至已经惊动了班主任老师，为此，班主任老师只好把刘先生请到了学校，这不，小美这几天又和同桌女同学动手了，还抓破了对方的脸，回家后，刘先生并没有训斥女儿，而是心平气和地把女儿叫到身边。

"我知道，老师肯定又把你请去了，我看我今天是少不了一顿打。"女儿先开了口。

"不，我不会打你，你都这么大了，再说，我为什么要打你呢？"刘先生反问道。

"我在学校跟同学吵架，还打了女同学，给你丢脸了呀。"

"我相信你不是无故这样做的，对方肯定也有做得不对的地方，是吗？"

"是的，我很生气。"

"那你能告诉爸爸你为什么会跟人动起手来吗？"

"她们都知道你和妈妈离婚了，然后就在背地里取笑我，今天，正好被我撞上了，我就让她们道歉，可是，她们反倒说得更厉害了，我一气之下就跟同桌动起手来了。"女儿解释道。

"都是爸爸的错，爸爸错怪你了，以后别的同学那些闲言闲语你不要听，努力学习，学习成绩好了，就没人敢轻视你了，知道吗？"

"我知道了，爸爸，谢谢你的理解。"

案例中的刘先生是个懂得理解与倾听女儿心声的好爸爸，女儿犯了错，

他并没有选择粗暴的责问、无情的惩罚，而是选择了倾听。**倾听之中，表达了对女儿的理解，让女儿感受到了爱、宽容、耐心和激励。**试想，如果他在被老师请去学校以后就大发雷霆，不问青红皂白地将女儿打骂一顿，结果会是怎样呢？结果可能是父女之间的距离越来越远，女儿的叛逆行为也可能越来越明显。

但现实生活中，这样的家长又有多少呢？随着现代社会生活节奏的提速、竞争压力的加大，作为青少年的家长，为了能给孩子赢得一个优越的成长环境，常常由于工作忙碌，而忽视了与孩子的沟通。父母是孩子的第一任老师，也是孩子接触时间最长的朋友，在孩子成长的过程中，最需要的就是父母的关心，最愿意与之交流的也是父母，尤其是在孩子进入青少年阶段以后，这种交流应该更为必要，一方面，身体急剧成长，给他们带来很多困惑，他们不知道如何倾诉；另一方面，学习难度加大、学习紧张，也容易累积负面情绪，这都需要父母的理解，而如果我们对孩子的心声置之不理，那么，亲子关系就会越发紧张，甚至对孩子的成长产生不利影响。

可见，父母不愿倾听、理解孩子的最终结果可能是失去了"倾听"的机会。常有家长这样抱怨：真不知道我家孩子是怎么想的，总是不肯好好听我说话。**对此，父母应该反问自己：作为家长，你有没有听过他说话？**我们把大量的时间用来批评和教育他，却忽略了倾听。父母应该做的不仅仅是为孩子提供良好的物质生活环境，同时，应该去倾听他的内心，让彼此的心灵更为亲近。

为此，教育心理学家建议我们父母：

成长加油站

1.摆正姿态，放下架子，真正平等地和孩子沟通

生活中，一些孩子说："每次，我想跟爸妈谈谈心，刚开始还能好好说话，可是爸妈似乎总是以教训的口气跟我说话，我还没说完，他们就开始以父母的身份来教育我了，我真受不了。"其实，这些家长就是不懂得如何倾听，倾听的首要前提就是要和孩子平等地对话，这才能达到双向交流的目的，和孩子发生矛盾在所难免，但要等孩子把话说完，再提出解决的办法，这才会让孩子感受到尊重。

作为父母，一定要放下架子，主动与孩子交流，然后认真倾听，只有让孩子体会到家长对自己的尊重，孩子才能更加信任家长，达到和家长以心换心、以长为友的程度。在这种状态下，孩子对家长完全消除隔阂、敞开心扉，培养的过程将成为一种非常美好的享受。

2.弃成见，孩子的想法未必不正确

作为大人，很多时候，会认为孩子的想法是不对的，甚至是不符合常规的，抱着这样的心态，在倾听孩子说话的时候，会有一种先入为主的想法，会把孩子的话摆在一个"幼稚可笑"的位置，孩子自然得不到理解。其实我们的孩子也是人，他也有一个丰富的心灵，我们要特别注意倾听他们的心声。

3.善用停、看、听三部曲

当孩子产生一些不良情绪时候，做父母的要察觉出来，然后主动接触孩子，运用停、看、听三部曲来完成亲子沟通这个乐章，"停"是暂时放下正在做的事情，注视对方，给孩子表达的时间和空间；"看"是仔细观察孩子的脸部表情、手势和其他肢体动作等非语言的行为；"听"是专心倾听孩子说什么、说话的语气声调，同时以简短的语句给孩子反馈。

可能你的孩子做得不对，但作为家长，不要急于批评他，应该在倾听之后，对孩子表达你的理解，在孩子接纳你、信任你后，你再以柔和坚定的态度和他商讨解决之道，从而激励孩子反省自己，帮助他从错误中学习成长。

锦囊

其实，每一个孩子，尤其是青少年都希望得到父母的理解，因此，从现在起，每天哪怕是抽出2小时、1小时，甚至是30分钟都好，做孩子的听众和朋友，倾听孩子心中的想法，忧其所忧，乐其所乐，当孩子有安全感或信任感时，就会向其信任的成年人诉说心灵的秘密。这样，你才有可能经常倾听到孩子的心灵之音，你的孩子才会在你的爱中不断健康地成长！

当青少年有倾诉欲望时,家长要给予回应

在现实的生活中,不少家长发现,孩子一到青春期就不喜欢和自己说心里话了,他们为此感到很苦闷,一方面他们很想帮助自己的孩子,另一方面孩子根本不和父母说心里话。但你不了解孩子,又怎么能让孩子对你敞开心扉呢?是不是我们的孩子天生就不爱和父母说心里话呢?恐怕也不是,<u>一般孩子不愿和父母说心里话大多是我们父母的原因。</u>

有些孩子渴望与家长沟通,但家长却以"忙""没时间"等为理由拒绝,甚至被家长压制、呵斥,所以,他们想倾诉的愿望并没有得到家长的理解和尊重,甚至一些孩子每次与家长谈心里话都不同程度地受到伤害,慢慢地就与家长疏远了。

有一位上六年级的孩子,学习成绩优异,人缘也很好。有一天他收到一封女孩子的求爱信,心里很惊慌,于是,他就把信交给了妈妈,本想从父母处求得解脱的方法,没想到妈妈却用"苍蝇不叮无缝的蛋"恶语相伤。从此后,孩子再也不和家长讲心里话了。

家长此时不该轻易地责备孩子,而是要理解孩子,然后给予他需要的帮助。<u>孩子虽然不希望家长管束,但也不是完全独立,很多时候,他们希望父母</u>

能帮助自己，而有些父母的态度却让他们退却了。

　　刘老师是某小学五年级班主任，他对班上每个学生都很关心，他发现，在班上有个孩子，似乎总是不对劲，放学后，他宁愿在学校四处游荡也不愿意回家。于是，刘老师决定做一次家访。原来，所有的问题都出在孩子的爸爸身上。

　　"我爸回家我就进卧室，吃饭做作业我都待在自己的房间里，早上等他上班了我再上学，一天下来基本上可以不说话。"孩子这样形容自己和爸爸的生活，他们之间"相敬如冰"，互不干扰对方。

　　"跟他们说话很累，根本就说不到一块去。"他说，每次和爸爸说话，从来就是三句话不到就开始"热闹"了。

　　"其实我们父子俩哪有什么深仇大恨，我说他也是为了他好，但孩子倒把我当成仇人、陌路人。"孩子爸爸这样对班主任老师说，他是个退伍军人，大男子主义比较重，说话常有口无心又好面子，不愿意向孩子低头；而孩子年纪小比较容易激动，又认死理，也许是这样才造成父子两人关系越闹越僵。上了初中后，孩子对他那套"我是家长，我说什么你得听着"的理论保持沉默。"像现在这样大家互不干涉也挺好，没有吵架，也安静多了。"在这个孩子看来，这么陌生的父子关系似乎也不赖。

　　其实，很明显，爸爸和儿子之间问题的症结是缺少沟通，而其中一个重要的沟通障碍就是爸爸放不下做父母的架子，与孩子之间形成了一种对抗，久而久之，孩子就宁愿与他之间以陌生人的方式相处。

　　为此，对于孩子的倾诉的愿望，教育心理学家建议父母：

成长加油站

1.当孩子有心事时，再忙也要停下手中的事认真倾听

当孩子想做或不想做某件事时，家长不要马上教育他，可以停下手中的活儿，先听听孩子想说什么。在倾听时，家长和孩子要有目光交流，有点头、微笑等肢体语言的反馈，但不要随意打断。孩子觉得你在用心听他说话，他就愿意继续往下说，说得清楚。这也是对孩子表达感受和需求的一种鼓励。

2.理解、信任你的孩子，倾听并查找孩子烦恼产生的原因

可怜天下父母心，每个父母都是爱孩子的，可是教育的结果却完全不同，为什么有的家长能跟孩子和谐相处，情同知己，有的却水火不容、形同陌路？这就是教育方法的不同带来的结果，作为父母，首先就要了解你的孩子，关注孩子的成长过程，尤其是孩子的成长问题，你要了解孩子烦恼产生的原因，只有这样，才能对症下药，帮助孩子解决烦恼。

3.尊重孩子，平等交流

家长要学会跟孩子聊天，不要认为孩子的世界很幼稚，对孩子的话题不感兴趣，不论孩子说什么，家长最好表现出很感兴趣，这样孩子才有跟你交谈的欲望。

4.适当"讨好"一下你的孩子，缩短彼此的心理距离

当然，这里的"讨好"并不具备任何功利的目的，而是为了加强亲子关系，父母应该偶尔赞扬一下你的孩子，或者带孩子出去散散心等，让孩子感受到家的温暖，彼此间的心理距离就拉近了。那么，孩子自然愿意向你倾诉了。

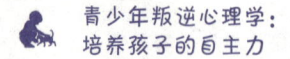

> **锦囊**
>
> 　　总之，如果你的孩子有倾诉的愿望，想要跟你说话，我们最好就停下手头的事听听他想说什么。他也需要知道你的想法、感觉和意见，从而获得安全感和父母的理解与帮助。

表达你的信任，孩子才愿意敞开心扉

有人说，当父母其实是一个自我修炼的过程，尤其是要学着与孩子沟通，学着去欣赏孩子看似"脱轨"的行为。重视孩子的意见和情绪则很重要，虽然你明明就觉得他说的、表达的都有些问题，这一点，对于青少年来说尤为重要。最重要的是，当你面对孩子时，你还必须时时刻刻自我反省，看看自己是否在父母角色上扮演得恰如其分。<u>在这些修炼中，对孩子的信任无疑是最基本的，信任是亲子间沟通的基础，信任更是我们对孩子最大的肯定。</u>

其实，相信孩子，也就是相信我们自己，这是对孩子也是对家长的肯定，倘若没有人对孩子的能力表现出最初的信任，认为他值得得到爱、支持和关注和肯定，我们的孩子怎么可能相信自己呢？

曾有一位家长感慨地说："我无法和儿子交流沟通，我们的距离越来越远，我想我把孩子弄'丢'了。8月中旬，我与即将上初二的儿子发生了一场激烈的争吵。事发直接原因是儿子在我下班一进门时提出要去参加学校的朗诵比赛，一等奖的奖品是'背背佳'，我不假思索地一口否决了，'不去，妈妈给你买'。当时，没解释、没商量、也没了解孩子的心理。结果，我话音一落地，他的眼泪就刷刷地淌开。看到他这样，我就更生气了！'你认为你能行吗？'就这样，他一句，我一句，各说各的理，嗓门越说越大，声音越来越高。一气之下，我说：'我不管了，让你爸爸管吧！'我拿起澡筐就往外走，孩子也扯着嗓门给我一句：'你不相信我就是不相信你自己！'"

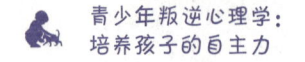

这位男孩的话不无道理，我们的孩子都是父母一手教出来的，对孩子能力的否定同样是对父母自己的能力特别是教育能力的否定，只有表达对他们的信任，给他尝试的机会，才让孩子有历练的机会，他才会成长得更快。

成长是一个美妙的过程，而对于作为教育者的父母来说，这个过程却是艰辛而忙碌的。懵懂的孩子，要面对太多诱惑，经历太多挫折。正如这位妈妈一样，家长要想不"丢失"自己的孩子，光靠管束和告诫是行不通的。要了解孩子的思想，就必须和孩子之间建立起互相联系的"精神脐带"——沟通，不断地给孩子输送父母爱的滋养。

对于青少年来说，他们有着更强的自尊心，会自然而然地认为自己能干和可爱，拥有明确、正面的自我意识，从积极的角度看待自己。自信的孩子对自己能够做成什么样的事情、取得什么样的成就持乐观态度。他们可以提高自己的要求，坚守自己的原则，开发自身的潜能。缺乏自信的孩子充满自我怀疑，这使他们易于产生内疚、羞愧之感，觉得自己不如他人。

生活中，很多父母认为自己是爱孩子，却误解了怎样才是真正平等地去对待自己的孩子，他们以为坐着和孩子讲话就是沟通，其实那只是形式上的平等，事实上。他们并没有真正以平等的心去待孩子，因为他们不相信自己的孩子。

成长加油站

我们在与青春期的孩子沟通的过程中，要表达对他们的信任，需要明确三点：

第一，表达对他们的判断能力、完成任务的能力、独立的能力的信任，能让孩子有更强的动力。

第二，表明你对他的爱，并且要用他确信的方式。

第三，当心如下的想法："我以前没有得到过或不需要他人帮助，他也一样。"他与你是不同的。而且，没有得到他人帮助的人常常将之说成"不需要他人帮助"，以掩饰自己的失望。这就告诉父母，相信孩子，并不是对其放任自流，而应该给他们足够的爱。

锦囊

做到以上这些，父母必须从爱的基点出发，发现、发掘、抓住、肯定青少年的每一个优点和每一点进步；相信孩子的表现形式和落脚点就在于对他们的赞许、鼓励、夸奖、表扬……相信你的孩子，才是真正的爱他，他也才会愿意对你敞开心扉！

用肯定和认可代替对孩子的否定和贬斥

作为父母，我们都知道，我们的孩子是独立的个体，尤其是年龄稍大的青少年，他们更希望从家长那里得到认同，因为此时的他们正处于生理、心理变化关键时期，他们尚未形成独立的自我意识，非常在乎他人对自己的看法。因此，认同和肯定孩子，尊重他，相信他，鼓励他，不仅可以及时发现他们身上的优点和长处，挖掘隐藏在其身上巨大的、不可估量的潜力，而且能够缩短家长和孩子的距离，从而促进孩子的健康成长。

昊昊是个很听话的孩子，但成绩却极差，是班级中的后进生，这令他的父母很是头疼，他的妈妈对老师说："孩子自上学以来，被老师留下是常有的事。为了他的学习，我放弃了工作，每天检查作业，辅导他，但他成绩还是很差，我早就对他没信心了。我很失败，我教一个孩子都没教好。您教这么多学生，还对昊昊这么关注，我们很感谢您。"

孩子是一个家庭的未来，老师望着昊昊妈妈一脸的无奈，恻隐之心油然而生，说道："昊昊其实一点也不笨，只是对学习没有兴趣，自觉性差些，我们的教育方法不适合他。我想只要家长和我们都能肯定他，鼓励他，他会进步的。"昊昊妈妈仿佛一下子看到了希望。

后来，妈妈开始对孩子进行赏识教育，孩子回家后，她即使再忙，也陪孩子做作业，并鼓励："乖孩子，你的字好像越写越好了，后面的如果也像这样，该有多好，妈妈相信你以后都能写好的。"孩子露出了惭愧又充满信心的表情。

除此之外，昊昊的妈妈在孩子遇到学习中的问题时，也会认真地说："你会做这么多数学题已经很不错了，妈妈那时候，做数学检测，一百题只能答对三十题呢。"

后来，当妈妈再次去学校开家长会时，老师对她说"昊昊现在学习很努力，上课经常主动发言，课堂上总能够看到他高举的小手了，耳目一新的发言，让同学们对他刮目相看了，课间他不再独处了，座位边也围上了同学。"听到老师这么说，妈妈很是欣慰。

从这则教育故事中，我们看出，家长一定要认同和肯定孩子。渴望被肯定是人的天性，尤其是对于青少年来说，他们更希望获得父母的肯定。

那么，在与青少年沟通的过程中，我们要怎样表达对孩子的肯定呢？

成 长 加 油 站

1.用发展的眼光看待你的孩子，肯定孩子的点滴进步

古语有云："士别三日，刮目相看。"历史经验值得汲取。任何人、任何事都不是一成不变的。我们的孩子也是在不断进步的，而同时，孩子对于父母的态度是很在意的，假如你的孩子进步了，你一定要赞扬他，而不是用老眼光来看待他的缺点。

轩轩和小豪是很好的朋友。这天，小豪来轩轩家玩，轩轩妈妈就留小豪在她家吃饭，吃饭期间，自然提到了学习成绩问题。小豪说自己这次考试又是满分。

一听到小豪这么说，轩轩妈妈就开始数落轩轩了："你就不能向小豪学学？你的成绩总是那么糟，上次月考竟然有一门不及格，去年还是倒数第十名，像你这样上课注意力不集中，不专心听讲，又不求上进的人，怎么能取得好成绩？回房间去好好想

想去,我不想看到你这个样子。"

虽然不是第一次遭妈妈训斥,可轩轩觉得好没面子,只好自己回了房间。

其实,我们的生活中,很多孩子都有过轩轩这样的遭遇。一些父母,根本看不到孩子的进步,总是拿孩子的缺点说事,并且当着其他人的面,这让孩子的自尊心受到严重的伤害。

而明智的父母则不是如此,他们会看到孩子身上的点滴进步,在孩子有任何一点的进步时,他们都会夸奖孩子,让孩子感受到父母对自己的爱和关注。

每一个父母在教育孩子时,都要让孩子明白一点,无论他的成绩如何,只要他努力了,就是好孩子。

事实上,每个青少年对于自己的进步都是非常敏感的,但他们最希望的是得到父母的认同,如果父母总是刻板地看待他们,那么,时间一长,得不到认同的孩子便不愿意向你敞开心扉了。如果父母能够及时发现他们的进步并进行表扬,他们的心灵就会得到阳光的沐浴,进而敞开心灵,把父母当成最好的朋友。而融洽的亲子关系是家庭教育最基础的保证。

2.全面地看待孩子,并肯定孩子

有时候,我们看待孩子,会对他们产生刻板印象,因为我们只看到了他们的某个方面或者某些方面,而没有全方位地了解他们。你发现没,你的孩子虽然学习成绩不好,但他的人缘却很好,别人总是愿意和他交朋友,对于这点,你夸赞过他吗?

3.要客观地看待孩子所做的事

无论你的孩子做了什么,你都要从事情本身评价,这样,才能避免因刻板印象而误解孩子。

可见,家庭教育中,我们与孩子沟通,要看到孩子的点滴进步,要学会从多方面看待他们,只有这样,才能对孩子产生认同感,才能加深亲子间的关系,从而有利于家庭教育的顺利进行。

锦囊

总之,作为父母,我们都希望孩子能够优秀,要想让孩子长大后成为一个自信的人,我们就要学会认同和肯定孩子,让孩子看到自己身上的优点。

青少年犯错，绝对不能打骂

对于青少年的教育问题，目前，更多的家长认可要给孩子鼓励，但鼓励不能取代惩罚，鼓励也不是万能的灵药，不能解决全部的问题。**惩戒和鼓励任何时候都是教育的两个不可或缺的重要手段。**

有教育专家认为："没有惩罚的教育是不完整的教育，没有惩罚的教育是一种虚弱的、脆弱的、不负责任的教育。"

然而，要惩罚青少年孩，还要掌握一个很重要的原则：**只针对他们的错误行为，不扩大化。**如果把陈芝麻烂谷子都翻出来反复惩罚，抓住不放，那就不是惩罚，而是打击报复了。让孩子明白，因为什么受到惩罚很重要。孩子总会犯错误，而且孩子越小越难以认清，大人对他的情感，与他的错误行为，以及惩罚之间的关系。他会认为是大人不喜欢他了，而心生恐惧。所以要让孩子明白，他是因为他的错误行为而惩罚，不是因为父母不喜欢他了，如果他改正了错误，大人会更喜欢他，这样的惩罚效果会更好。

◆━━★

1920年的一天，一个11岁的小男孩在户外踢球时，不小心将球踢到了邻居家的玻璃上，邻居向他索赔13美元。要知道，在当时，这可是一笔巨款，足可以买125只生蛋的母鸡。

孩子没有办法，只好去向父亲求助，然而，父亲却坚定地说，孩子必须对自己的过失负责。

第4章 培养青少年的自主沟通能力，父母先要放下家长架子

"我哪有那么多钱赔人家？"孩子非常为难。

"我可以借给你。"父亲拿出13美元，"但一年之后你必须还我。"

于是，孩子开始了艰苦的打工生活。经过半年的努力，终于挣够了13美元这一巨款，还给了父亲。这个孩子就是日后的美国总统里根。他在回忆这件事时说："通过自己的努力来承担过失，使我懂得了什么是责任。"

生活中的父母，也应该像故事中的里根的父亲一样，应该从身边的小事开始，培养青少年的责任意识，让青少年意识到责任的重要性。

这个故事告诉家长，在家庭教育中，惩罚的作用是无法代替的。惩罚作为一种教育手段，一个很大的好处是：有利于培养孩子从小树立对自己的行为负责的观念。**在社会中的每个正常人都必须对自己的行为负责，孩子也不例外。如果你做错了事或说错了话，就必须承担由自己的错误带来的各种后果。**

一定要让孩子知道父母明确的要求是什么，与孩子事先达成共识。如果孩子事先不清楚规则，家长突然惩罚，会让孩子非常委屈。惩罚之前需要对孩子提醒警告，给孩子一个改正的机会。惩罚并不是打骂。打骂会对孩子心理造成损伤吗？答案是：当然！虽然与青少年沟通是一件不容易的事，甚至很多父母失败了，但我们不能把这种失败的负面情绪发泄到孩子身上，更不能当着外人的面打骂或嘲笑挖苦孩子。

家长应该时刻牢记，自己应该始终给孩子坚定的拥抱，如果以恶劣的态度对待他，一来会激发孩子的逆反心理，二来会打击孩子脆弱的心灵，更糟糕的是，他们还会怀疑家长是否真的爱他，这种情况下，他们就更不可能接纳父母的建议，改正自己的不良行为了。

可能很多父母认为棍棒比说教更能让孩子牢记错误，当我们的孩子犯错的时候，采取严厉的惩罚措施，甚至体罚。体罚正是中国家长对孩子常用的方

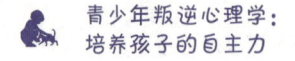

式，包括打揍、罚站、面壁等。由于体罚总伴随着家长的情绪爆发，加上青春期这一特殊年纪的特性，容易使孩子产生逆反心理或委屈情绪，甚至导致自信心的丧失，这对于孩子的成长极为不利。其实，"牢记错误"不是重点，"改正错误"才是目的。

锦囊

家长不妨温柔地对待孩子的错误，用正确的方法引导，这样不仅会让青少年意识到自己的错误，还可以增强孩子勇于发现错误的信心和勇气。

谈谈自己的经历，激发青少年主动沟通的兴致

王老师每天上完课，都会等儿子一起回家。

这天，她又和儿子同路，细心的她一眼就看出来儿子不大对劲。这个乐天派脸上笼罩着阴云，眉头也皱着。

"怎么了？有什么不开心的事情？"王老师问。

"体育课烦人！"听到儿子这么说，王老师猜出了大致情况，肯定是体育课太累了，但儿子是体育特长生，如果因为累就这么放弃体育锻炼的话，那么就太可惜了。于是，她准备开导一下儿子。

"今天练习的是跑步？"

"是啊。烦死人了。"

"是不是本来心里就烦啊？"王老师问。

"嗯。"儿子沉着脸哼了一声。

"要学会淡定嘛！"王老师开玩笑地说，"而且，你换个角度看，坏事就变成了好事。跟你说个秘密，其实，你妈妈以前在学校，曾被人称为'飞毛腿'呢，不信？一会儿我回去给你拿每次比赛的奖状看看。记得刚上学的时候，我是个病秧子，几乎每个星期都要去医院，但后来，你姥爷就带我去锻炼身体，什么爬山、跑步，不到半年，我就变成各项全能了。你现在完全有你老妈当年的风范啊。在锻炼的过程中，我也遇到过很多问题，体育锻炼毕竟是体力活，自然不如上网玩游戏、看电视、逛街有意思，但只要我们坚持下来，那么，不仅对身体有益，更会磨炼我们的意志，你说呢，儿子？"

"那倒是，不过我可真没想到，您这个看上去文弱的女教师以前居然是体育全能，真看不出来……"儿子惊讶地看着王老师。

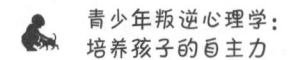

"走,现在就回家给你看证据……"

这里,我们看到了一个母亲在儿子体育锻炼开始气馁时的一番鼓励性教育。此时,日常生活中,可能很多父母喜欢用说教的方式——"如果你不锻炼,你中考怎么办?""不要放弃,坚持下来!""真是没用,遇到一点问题就退缩!"等。无疑,对于青少年,这些说教只能起到反作用,甚至他们完全会拒绝与父母沟通,<u>而如果我们能站在孩子的角度,重述自己的经历,让孩子明白父母当年是怎么做的,那么,他们一定能找到解决问题的方法。</u>

的确,为人父母者,也都经历过青少年阶段,也和现在的孩子一样,经历过很多青春期的烦恼和疑惑,人生经验、社会阅历、情感细腻的他们更希望得到作为过来人的父母的指导,但渴望独立的他们,并不愿意主动请教父母,因为这等于在向父母宣告他们依然不成熟,依然依赖父母。当然,他们更不希望父母以教训的口吻或者说教的方式传授经验,此时,作为父母的我们,一定要选择一个温和的方式帮助孩子,此时,告诉孩子自己的经历,告诉孩子自己曾经是怎么做的,不仅会让孩子接收到一个正确处理问题的建议,更能拉近你与孩子之间的距离,有利于亲子关系的维护!

那么,面对青少年遇到的某些困惑,具体来说,我们该如何疏导呢?

成 长 加 油 站

1.即使孩子"怒火中烧",也不可自乱阵脚

青春期的孩子的情绪是多变的、易激动的,他们好像看什么都不顺眼,都要发飙一样;经常满腹牢骚;目中无人,挑战各项规则;爱争辩。但事实上,他们是一个孤独无助的小大人,孤独地生活在自己的小世界中,他们只是

通过这些行为，在向我们宣告：我青春期了，我有自己的想法、看法了，请尊重我，别惹我！

的确，慢慢长大的孩子一定会遭遇青春期，慢慢变老的我们一定会和青春期的孩子"过招"，当孩子怒火燃烧的时候，我们做家长的切忌火上浇油、自乱阵脚，我们可以运用的一种方法叫以柔克刚。抱怨、不屑的言语只是他们在表达自己对事、对人的看法，他们只是还有待找到最合适的方式来解决问题，我们需要等待。也就是说，无论孩子的情绪如何，作为家长的我们一定要心平气和，先平息孩子的情绪，然后告诉孩子自己曾经是怎么做的。

2.闲暇时，多以自己的经历入题，引导孩子畅怀沟通

现实生活中，为什么我们的孩子不愿与我们沟通？这与青少年阶段孩子的独特心理有关，也与我们家长自身有很大的关联——我们放不下家长架子、说话太过严肃等，我们还发现，那些与青少年相处融洽的父母，都有一个撒手锏，那就是有亲和力、说话温和，甚至偶尔会拿自己开玩笑等。

为此，我们也不妨借鉴一下，多主动与孩子接触，可以向孩子阐述自己在日常生活中遇到的事，比如一些无伤大雅的糗事、某些光荣事迹、闹过的笑话、青春期情感经历等，当然，我们还要注意，如果你的孩子觉得你的经历很无趣，就要及时转换话题，以免造成尴尬。

> **锦囊**
>
> 总之，虽然青少年都渴望倾诉、渴望理解，但因为顾及自己"成人"的面子，他们不愿意轻易打开自己的心扉，作为父母的我们，就要找到正确解决这一难题的方法，主动与孩子沟通，帮助孩子成长！

第 5 章 05

提升青少年的自主学习意愿,
给孩子插上快乐学习的翅膀

青少年被动消极，学习上缺乏自动自发力怎么办

周末这天，13岁的吴浩宇和同学在家里玩游戏，不知不觉，一天时间过去了，当吴浩宇的爸爸妈妈回来时，他们还在"战斗"中，爸爸有点生气，但他还是语重心长地教育他们。

"小宇，你为什么每次都要我们督促才学习呢？你觉得学习是为了谁呢？"

"为了你们啊，我考好了，你们在单位同事面前就很有面子了。"吴浩宇得意地回答着。

"孩子，你这么想就不对了，学习都是为了自己，爸妈在同事面前夸你，是因为我们高兴，最终受益的是你自己，知道吗？"吴先生说。

"吴叔叔说得对，吴浩宇你这种想法可不对。谁都希望子女比自己强，辛辛苦苦供孩子读书，也是希望孩子以后能有好的生活。我们应该给自己确立一个目标，努力朝目标奋斗。"吴浩宇的同学纠正道。

吴浩宇经过这一番谈话后，和同学在家打游戏的次数明显少多了。原来，他是躲进书房学习去了，在接连几次的月考中，吴浩宇的成绩提升很快。

的确，青少年处于身心发展的关键时期，更是学习发展的绝佳时期。而孩子总是被动、消极、等待父母催促的学习状态，是很不利于提高学习成绩的。

在竞争激烈的当今社会，自主学习能力如何，也决定了一个人的竞争力，因为这涉及一个人最终能否获得丰富的知识，是否能变得博学。同样，青

少年学生也应该学会自觉、自主地学习。**如果你的孩子能做到自主学习，那么，他的学习效果会就会显著加强，这远非注入式教学所能相比。**

古人说得好，"善学者教师安逸而功倍，不善学者教师辛苦而功半"，一个学生一旦有了自觉学习的想法，他就能主动学习，独立思考，长大参加了工作，他还能找到自身不足，不断地扩充自己的专业知识水平，懂得探究，最终实现发明创造。

当然，自主学习的能力不是一朝一夕形成的，它是在学习实践中反复训练、反复运用、不断提高的。让孩子学会自动、自发地学习，需要作为父母的我们不断引导。

针对学习问题，我们要这样与孩子沟通：

成长加油站

1.帮助青少年端正学习目的

你要帮他认清：你为什么而学习？是父母强逼你学习，还是你有着伟大的梦想？如果在孩子看来学习是一件无奈的事，那他又怎么可能投入全部的热情学习呢？

2.帮助青少年在学习上形成自制力

孩子自制力的形成是一个循序渐进的过程，因为自制力的形成不是一蹴而就的，也不是孩子下了决心就能获得的，这是一个长期的过程。

在学习这一问题上，在教育孩子好好学习的过程中，他如果决定从明天起好好学习，要每天学习十小时以上，那么，他很可能因为没有达到目标而气馁，而如果你先给他定一个较为合理的目标，比如，他可以在第一周时每天学习1小时，少玩15分钟，倘若做到这一点的话，第二周每天学习1小时30分钟，少玩20分钟，再做到这一点的话，就可以每天学习2小时，少玩30分钟。慢慢地，他便会发现，自觉地学习已经成为一种习惯而自制力也自然而然地形成了。任何坏习惯的改变或好习惯的形成都可以采取这个方法。

3.培养青少年在学习上的专注力

可能你的孩子也想努力学习，但使他最终不能成功的原因往往是他的中途退缩。因此，你必须让你的孩子尽早改掉这一坏习惯，否则，它会影响到孩子的一生。

自动自发力强的孩子，具有高度的自律意识，他们有主见、有创意、懂回报、有爱心、会学习、会思考、会交往、既乐观自信又坚强不屈，而这种能力的培养，需要家长的引导和鼓励，积极地进行情商教育，从而培养孩子良好的情商能力，让其心理免疫力大大增强，从而能够应对学习和生活中的低潮与挑战，让孩子有能力去经营一个成功与快乐并存的美好人生！

4.帮助孩子制订详细的学习计划

盲目的学习是没有好的效果的，效率差的学习会让孩子的自信心逐渐消失殆尽，因此，你最好帮助孩子制订一份详细的学习计划：每天干什么，什么时间干。要有详细的计划，计划要切合实际，要略高于他现在的学习能力。

因为这样能让学习计划来帮助孩子规范自己，约束自己，提醒自己，鞭策自己！依计划而行，则有条不紊，顺理成章；无计划行事，则盲无目的，失去所向。

5.督促孩子坚持学习计划

一直以来，学习都不是一件很轻松愉快的事情，也不是一朝一夕一蹴而就的事情，它必须付出艰苦的劳动。告诉孩子，不要把学习看作一种负担、一种包袱和苦差事，学习是一种追求、兴趣、责任，一种愿望，学知识是为了人生更快乐，更有滋味，更有激情。

锦囊

总之，学习过程中，孩子自身才是学习的主人，你应该告诉他学会将自己的全部感官都调动起来，然后积极地参与学习，自己去看书、去思考、去发现问题并分析问题、解决问题，从而让其掌握自主学习的方法，探索知识的规律。

帮助青少年寻找属于自己的学习方法

某中学每个月的家长会又来了,这次家长会的主题是"如何帮助孩子高效学习",家长会的目的也就是众多的家长一起交流心得,互换教育的意见,为孩子找出更好的学习方法。在这一点上,周太太似乎很有经验。

"周小寒是怎么学习的呀?"很多家长凑在一起讨论。

"听说,你们家周小寒并不是每天晚上做题到深夜,我每天罚我们家王刚做好些习题,可是学习成绩就是不见好啊,这是怎么回事呢?"

"是啊,我看我们家儿子也是,每天回来忙忙碌碌的,有时候,饭都顾不上吃,努力学习,可学习成绩还是处在中等水平。"

"孩子进了初中,就不能再让他以小学时候的学习方法学习,得让孩子找到更适合他们的学习方法,不然学没学好,玩没玩好,孩子是两头受累啊!"周太太一句话惊醒了在座的很多家长。

可能很多家长发现,自己的孩子和其他叛逆期的青少年不同,他很懂事,也积极主动地学习,即使不叮嘱,他也逐渐认识到了学习的重要性,他也想成为一个学习成绩好的孩子,希望可以仍然走在队伍前列,但事实上,他们似乎总是力不从心,似乎总是感觉时间不够用,学习效率也很低。这是为什么呢?

其实,孩子是缺少一个属于自己的学习方法,帮助孩子掌握好的学习方

法，就等于为孩子找到了促进学习进步的金钥匙。

任何一个孩子都很聪明，没有智力障碍，只是学习方法和学习习惯不同而已。每个孩子都有属于自己的学习方法和习惯，有的孩子学习很轻松，学习习惯也好，课堂认真听讲，基础知识掌握得好，灵活运用能力强；而有的孩子学习死板，学得很累，课后用10倍时间学习，效果也不好，这样就要改进学习方法。

当然，孩子的学习方法应该由孩子自己来寻找，而父母所要做的应该是一个从旁协助的工作。

那么，作为父母，怎样帮助青少年找到属于他自己的个性学习方法呢？

成 长 加 油 站

1.尊重孩子的学习兴趣

适合孩子的学习方法一定是要建立在孩子的学习兴趣上的。生活中，当孩子没有达到家长预期的目标时，家长就觉得孩子出了问题，父母愤怒了，或是责骂孩子，或是语重心长"控诉"孩子。孩子沉默了，孩子愧疚了，孩子自卑了……很多时候孩子就是在这样看不见的教育暴力中失去了成长的快乐和发展的潜能。而即使父母为孩子打造出的学习方法再完美，也不一定适合孩子，因为他对此方法根本不感兴趣。

家长要重视孩子的个体差异，充分考虑孩子的优势，注重学生兴趣和个性的培养，帮助孩子找到属于自己的"钥匙"。

2.根据青少年的生活习惯和时间安排孩子的学习

每个人的机体存在差异，这是毋庸置疑的，他们在生活习惯上有所不同，比如，有些孩子喜欢在晚饭前学习，而有些孩子在睡前的某段时间能发挥记忆的最好效果，对此，父母都要留意，只有这样帮助孩子学习，他才能以最快的时间进入学习状态，提高学习效率。

3.掌握小窍门，让孩子尽快进入学习状态

如何让孩子尽快进入学习状态，是广大家长最为关心的方面。拥有九年个性化教育研究经验的教学专家认为：家长个性化的监督和引导是孩子安心学习的关键。在此，他教了家长们帮助孩子收心的几个小窍门：家长不要给孩子过多压力，要鼓励孩子适当地多看书，或者陪孩子适当做一些体育锻炼，让孩子心态平和下来。家长可以帮助孩子制订一个切合实际的学习计划，定期了解孩子的学习表现，多给孩子鼓励和建议，使孩子保持积极的心态。

4.训练青少年解决问题的能力

拥有解决问题的能力才是制胜的法宝。父母在帮助孩子找适合他的学习方法时，这一点乃重中之重，要训练孩子这一能力，就要着重培养孩子自主学习能力和正确的思维方式，长此以往，孩子的成绩及综合素质将能够稳步持续地提升。

> **锦囊**
>
> 总之，帮助孩子找学习方法，需要依据孩子个人的习惯、兴趣、时间安排、生理状态等。所以，你要想成为孩子的家庭教师，就要全面了解你的孩子，然后作出具体的计划安排。学习方法只有适合孩子自己的才是最好的。有针对性地制订出一套独特的、行之有效的教学方案和心理辅导策略，不仅使孩子掌握一种切合自身的学习方法，提高学习成绩，更重要的是让孩子的心理和心态更健康！

青少年厌学问题如何解决

随着社会竞争的日益激烈，每个孩子都必须掌握大量知识。正因如此，不少孩子尤其是要面临升学压力的青少年开始背负沉重的学习压力，久而久之，他们似乎已经不再是为自己读书，而是为父母读书，除了每天紧张的学习外，他们还要面临残酷的学习竞争，一场场考试、一次次排名，把他们压得喘不过气来，久而久之，他们开始产生厌学的情绪。其实，缓解孩子的学习压力是个社会性问题，需要全社会的共同努力，但是做家长的负有最直接的责任。为了孩子的健康成长，每一个家长都要格外用心和努力。

于先生的儿子豆豆的成绩一直很好，但永远是第二名，因为第一名总是一个叫赵亮的男孩，三年下来，几乎岿然不动，但最近这几个月，豆豆居然稳拿了几次第一。

为了奖励豆豆，于先生决定开一次"学习心得交流会"，没想到，豆豆却说："赵亮退学了。"

"为什么？"

"赵亮小时候父母就出国了，把他丢给了爷爷奶奶，爷爷奶奶对于他关怀备至，让他衣食无忧，还生怕他在小伙伴中吃亏，所以他与同龄人的接触机会被剥夺了。同学们都说他太自私，不愿与他来往。他自己也将自己封闭在小圈子里，一心向学。上初三后，他的心变得不安起来，看到班上的同学三五成群在一起聊天、说笑以及讨论问题，他感到更加孤独，他逐渐觉得自己读书不快乐，于是试着走近他们，但他们却不太理他，他自己感觉怎么也融入不进去。渐渐地，他为上学发愁，看书也感到烦恼，上课不认真听讲，沉默寡言心事重重，几乎不再拿书本，学习成绩从全年级第一变成倒数。前不久，他爸妈回来了，给他办了退学，估计是去另外的学校了。"说完以后，豆豆长叹了一口气。

赵亮之所以厌学而学习成绩下降，是由于失去了学习的动力，找不到学习的乐趣。**青春期是孩子长身体、长知识、长智慧的时期，也是其道德品质与世界观逐步形成的时期。**他们面临着生理与心理上的急剧变化，加之每天周而复始的学习生活，很容易产生心理上的"变异"。一般表现在三个方面：

第一，上课不认真听讲、注意力不集中、开小差，或者打瞌睡、小动作不断，严重的还会干扰其他同学听课。

第二，课后不认真完成老师布置的作业，不主动积极地预习和复习功课，对考试、测验无所谓，只勾几道选择题应付了事，既不管耕耘，也不管收获。

第三，逃学，这是厌学的最突出表现，也是最严重的表现。这些学生总是找理由旷课，然后外出闲逛、玩游戏等。严重者，甚至跌到少年犯罪的泥坑。

作为父母，要帮助孩子克服厌学情绪，我们可以从以下几个方面努力：

成长加油站

1.帮助青少年树立正确的学习动机

学习动机是任何一个孩子学习的根本动力，只有随着年龄的增长，不断地明确认识到学习目的中社会性意义的内容，孩子的学习才会有持久的动力。

一些家长爱用"将来没饭吃""不读书一辈子干苦力"等话数落孩子，

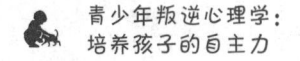

既没有给孩子讲道理，又没有直接激发孩子的具体实例，往往不起任何作用。

其实，兴趣是最好的老师，青少年的学习也是如此，只有让孩子真的爱上学习，他们才能化压力为动力，因此，家长要注意经常鼓励孩子，激发他的兴趣，并潜移默化地向他灌输社会性理想，帮助他将目光投向社会、世界和未来。

比如，明明对课本学习不感兴趣，上课随便讲话，做小动作。班主任老师在一次家访中，发现了他爱饲养小动物。于是老师有意让他参加生物兴趣小组，并委托他饲养生物实验室的金鱼。由于他的兴趣得到合理引导，他不仅在课外活动中主动积极，生物课学习也表现得十分认真。

可见，孩子一旦对学习产生了兴趣，便会积极主动地投入，消除怠惰。

2.挖掘青少年的兴趣

可能很多家长认为，孩子好像除了厌恶学习以外，对什么都感兴趣，其实，这是一个普遍现象，曾经有一个调查：一方面50个孩子中只有4个没有过对学习的厌烦情绪，另一方面孩子的兴趣丰富多彩。还有一个调查：如果可以不按学校的课表上课，请孩子们自己给自己开一个课程表，而结果：

（1）第一节课是欧美音乐，第二节是电影，第三节是异国风情，第四节是英语。

（2）希望全天的物理、化学。

（3）希望第一节课是自学，第二节课是体育，第三节课是英语，第四节课是班会……

从这一调查中，可以发现，孩子们对于那些文化知识，似乎都存在一定程度的厌烦情绪，为此，父母要在日常生活中多观察，发现孩子感兴趣的事物，从而引导其确定学习目的。在培养孩子的兴趣中，要给孩子一个机会，让他自己去品味，真正找到一种成就感，他可能就有兴致了。

3.找到孩子不喜欢学习的原因，对症下药

我们父母首先要和孩子自由沟通，以温和的态度和孩子探讨为什么不喜欢学习。父母了解他的问题所在，就要为他解决。对于因学习困难而对学习不感兴趣的孩子，家长要耐心地帮助孩子找到困难的原因，帮助他掌握科学的学习方法。

4.切实帮助孩子解决学习上的问题

很多父母关心孩子的学习情况，只是把眼光放在孩子的成绩上，而没有认识到孩子有时候也需要家长在学习上的辅导与帮助，有的孩子因为某一个问题没弄明白，一步没跟上步步跟不上，渐渐失去了学习的信心和兴趣。所以家长要真正关心孩子，就要注意他是否跟上学习进度。有条件的每周都要和孩子一起总结一次，发现哪里出现了问题就要及时补上。孩子在学习上的困难得以解决，学习兴趣必然能够得到提高。

> **锦囊**
>
> 对于学习压力过大，已经明显表现出病态心理和行为的孩子，要积极寻求心理咨询和治疗机构的帮助，在专业人员的指导下对孩子予以科学的辅导，逐步帮助孩子及时得到积极矫治。

青少年偏科问题如何纠正

2015年，某校中考文理科状元同时被一名女生拿下，在她的作文中，她列举了古今中外大量的事例，如西安事变、周幽王烽火戏诸侯等事例，旁征博引，以翔实的材料阐述了关于诚信的重要性和必要性，从而获得了高分，这是因为她平时阅读了大量的历史书籍。谈到学习成功的秘诀，她认为，其一，千万别偏科，这样才能"东方不亮西方亮"；其二，看书，了解国计民生……现代学科越来越倾向于文理互相渗透。事实证明，一个人的知识面过于狭窄，往往不利于其将来的发展。

从这名女生的学习经历中，我们得知，**任何一名青少年，在学习中，都要做到学科均衡发展，不可偏科。**

然而，生活中，作为父母，我们发现，不少青少年都有偏科的问题，明明各科成绩都不错，但就因为那一两门学科没学好，拉低了整个成绩，那么，这些孩子为什么会偏科呢？我们先来看看下面这一案例：

王先生的儿子亮亮今年初三，学习成绩一直不错。

一次数学测验，下课铃响了，亮亮还在埋头答题，数学老师催了几次，他都跟没听见一样，仍在做题，老师发火了，走过去夺卷子，亮亮用手一按，卷子撕破了，数学老师怒气冲冲地拿着卷子走了。亮亮在当天的日记里写道："我恨死数学老师了，今后，我上课不听她的课了，在路上遇到她，我也不和她讲话！"

就这样，亮亮由一个数学尖子生成绩一路滑坡，在后来的考试中，成绩一次比一次差，王先生为此很伤脑筋。

青少年偏科的原因有很多种，故事中的亮亮就是因为和老师发生矛盾而影响了对该学科的兴趣而导致偏科。但作为父母，我们都明白，每个孩子，在学习上都要做到学科均衡发展，不可偏科。

可能你的孩子也有这样的烦恼：对于自己不喜欢的学科，越是不喜欢，就越不想学，久而久之，导致自己学习成绩越来越差。俗话说，兴趣是最好的老师。<u>在学习中，兴趣是一种强大的动力，一旦人们对某一学科产生兴趣，就会促使他们积极探索，克服困难，直至成功</u>。但中学阶段的大部分学科都是枯燥的，再加上一些学生可能不喜欢某学科的老师，或者学习底子差，进而逐渐开始不喜欢这门课，而对学科没有兴趣反过来也让他们的没有学习动力，学习成绩自然会下降。

作为父母，我们都应该成为孩子的学习导师，都应该帮助孩子克服偏科现象。以下是几点建议：

成长加油站

1.帮助孩子了解学习不同学科的意义

孩子不喜欢某一门学科，可能是因为他对这门学科的重要性认识不足。而且有些课的内容本身枯燥，不一定是老师的责任。每门学科都是有用的，孩子都必须学习。学会做好不喜欢做的事情，也是他们走上社会之后必修的一课，不能任性地逃避。

比如，如果你的孩子不喜欢英语，那么，你要告诉他："英语是一门工具课，无论你将来从事何种职业，都必须掌握。如果你等到需要用的时候再努力，就失去了最佳的发展时机。"

2.告诉孩子可以尝试投入和喜欢这些学科

人的态度对学习是很重要的，有时态度决定一切。心理学的研究表明，当一个人对某一事物不感兴趣时，可以假装喜欢，告诉自己，其实我挺愿意去做这件事的。这样一段时间以后，你就会在不知不觉中改变自己的态度，变得对这件事情感兴趣了。

3.孩子不喜欢这些学科，可能与学习成绩有关

其实很多东西，在一个人不会，没有获得成就感的时候，往往是"没意思"的；如果他迫使自己去学习，并获得进步，这时可能就能发现兴趣。

如果孩子在这些学科上，学习成绩不太理想，你要告诉他，不要过分焦虑，不妨降低一点目标，采取逐步提高的办法。同时，也可以了解一下别人的学习经验，加以借鉴。要相信，一分耕耘，一分收获。当你的成绩有所进步时，你的信心会因此得到增强，学习兴趣也就相应地得到了提高。

锦囊

另外，我们要让孩子明白的是，所有的课程，都有向别人学习的机会，三人行必有我师。因此，无论他喜欢不喜欢一门课，我们都要培养孩子学习的兴趣，只有这样孩子才能真正端正态度努力学习。

压力大，让青春期的孩子学习效率低下

丫丫马上就要中考了。丫丫很明白，考前一定要调整好心态，但是她还是莫名地紧张。随着中考时间的推进，她这种紧张的情绪也越来越明显：她开始看不进去书；晚上也开始失眠；甚至有时候，连饭都不想吃……

这些丫丫的妈妈都看在眼里，急在心里。她知道，丫丫一直想进市里最好的那所高中，可是，以丫丫的实力，这个目标的确有点难，丫丫树立这样高的目标，更容易心情紧张、压力大。

于是，有一次，当丫丫看书的时候，她敲开了丫丫卧室的门，准备和孩子进行一次倾心的交谈："丫丫，妈妈没打扰你吧？"

"当然没有，反正我也看不进去书……"

"你知道你为什么看不进去吗？"

"不知道，但我知道，我很害怕自己考不好，一想到自己考不好，我就紧张。"

"这就是你看不进去书的根源，如果你抱着'尽最大努力，考不好也无所谓'的态度的话，估计，你的心态会好很多。"

"嗯，我知道了，妈妈，谢谢你。"

我们父母都知道，考试要有一个良好的心态，身心放松才能考好，其实，学习过程中又何尝不是如此呢？为什么一些青少年看起来学习刻苦，却收

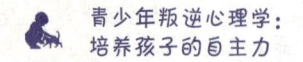

效甚微呢？因为他们没有做到身心放松。

事实上，每个人都有心理问题，心理问题就像头疼感冒一样，人人都可能遇到。青少年的心理问题更加复杂，如果不及时加以调解，将导致心理障碍甚至心理疾病，会直接干扰孩子学习。所以，我们家长应该及时帮助孩子调解心理问题，让他们以一种平常的、良好的心理状态面对学习。

具体来说，我们要做到：

成长加油站

1.认同孩子，理解孩子，感受孩子的压力

任何一名家长，都希望自己的孩子学习成绩优异，但有时候并不是我们想象的那样，于是，有些学习方法掌握得不是很好、怎么努力成绩进步也不是很明显的孩子，或是成绩起伏比较大而心理承受能力相对差一点的孩子，很有可能就会情绪波动，甚至产生畏难厌学的情绪。碰到自己的孩子恰好是这样，家长的焦急是不难想象的。

其实，焦急起不到任何作用，这种情况下，我们必须保持理智与冷静，并尽量站在孩子的角度，去看待他所承受的这份压力，去感受他内心的紧张与不安，多给他一些安慰与鼓励，想办法让他放松心情，比如带他出去散散步，陪他看一场他喜欢看的电影，或是一起去打打球，等等。

2.告诉孩子要劳逸结合

青少年无论是从学习还是身体成长上，都要求有充足的睡眠，因此，我们要告诉孩子，晚上不要学到太晚。如果睡眠不足，要抽时间补回来。另外，要适当让其参加运动。若时间允许，可在平时唱唱歌、跳跳舞或者参加一些集体娱乐活动。在看书做作业中间，做做深呼吸、向远处眺望等。

3.教孩子理性看待分数

的确，学生很在意分数，毕竟这是学习效果的一个重要体现，但这不是唯一的体现。如果考试成绩较好，自然值得高兴，但如果考试成绩不佳，也没必要自责或者伤心，毕竟，学习成绩不是判断一个人智力或者能力的唯一标准。

为此，孩子在学习的时候，你要告诉孩子尽量心里不要总想着分数、总想着名次，而应该想着提高自己，不与别人比成绩，就与自己比，这样孩子的心态就会平和许多，就会感到没有那么大的压力，学习时就会感到轻松自如的。

4.鼓励孩子，告诉他"你行"

我们要始终相信：你希望你的孩子成为一个怎么样的人，他就能成为一个怎么样的人。只是要记住，千万别把这份希望藏在心底不说，也千万不要因为孩子一时达不到你的期望就轻言放弃甚至打击挖苦；而是要相信孩子，鼓励孩子，并懂得用正确的方法引导孩子朝着你所希望的目标迈进。

对此，在孩子学习时，要帮助孩子树立信心，只要有自信什么事情都能做到。比如孩子在中考前的某次月考中，他如果只考了50分，那么下次，只要他及格了，或者哪怕他依旧不及格，但只要没有退步，就应该感到很欣慰，并且要毫不吝啬你的表扬与鼓励。

> **锦囊**
>
> 成绩的提高不是一蹴而就的事，而信心的重建也需要从点点滴滴开始。但只要你愿意尝试一下，就会发现，表扬与鼓励对于孩子真的有着神奇的力量。

青少年总是记不住知识，如何增强记忆力

冬冬今年刚上初中，课业负担一下子重了很多，他在数学、物理这些科目上还好，但一些文科，比如语文、英语、历史、地理等科目，就头疼了，这些学科有太多需要背诵和记忆的单词、地名、文言文等，他经常第一天把这些知识点都记住了，但第二天就忘得干干净净，一到考试更是想不起来。

为此，冬冬决定找妈妈谈谈，看看妈妈有什么好的记忆方法。

妈妈告诉他："我很高兴你能来找我，你刚升入中学，初中生的快节奏学习方法你还没有习惯，也有太多的知识点需要你去记，要问什么好的记忆方法，我只能说，不同的学生是不同的个体，记忆方法肯定不同，但妈妈作为过来人，还是有九条小建议给你的……"

记忆力差是很多青春期孩子苦恼的事情之一，课上学的知识很快就忘记了，有时候一个单词本来已经熟练记下了，可很快就忘记了。这就是记忆力差，事实上，记忆力也是可以增强的。

其实，提高记忆力的过程，实际上也是克服遗忘的过程，培养良好的记忆能力也不是什么不可能的事，需要孩子在学习活动中进行有意识的锻炼，作为父母，我们可以告诉孩子以下几种增强记忆的方法：

成长加油站

1.学习时集中注意力

其实，课堂上的时间是最好的学习和记忆时间，充分利用好了课堂时间，课后只要稍花时间进行巩固，就能真正获得知识。相反，如果课堂上精神涣散，一心二用，就会大大降低记忆效率。

2.兴趣学习法

兴趣是最好的老师，这话并不是毫无根据的。如果孩子对学习毫无兴趣，那么，即使花再多的时间，也是徒劳，也难以记住那些知识点。

3.理解与记忆双管齐下

理解是记忆的基础。只有对知识点加以分析，然后理解，真正烂熟于心，才能记得牢、记得久。仅靠死记硬背，则不容易记住。对于重要的学习内容，如能做到理解和背诵相结合，记忆效果会更好。

4.运用多种记忆手段

除了将图像记忆、声音记忆、文字记忆结合起来，还可以使用记忆卡片、记忆迷宫等手段帮助记忆。

5.科学用脑

在保证营养、积极休息、进行体育锻炼等保养大脑的生活习惯的基础上，科学用脑，防止过度疲劳，保持积极乐观的情绪，能大大提高大脑的工作效率。这是提高记忆力的关键。

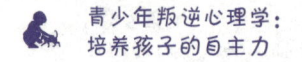

6.掌握最佳记忆时间

一般来说，上午9~11点，下午3~4点，晚上7~10点，为最佳记忆时间。利用上述时间记忆难记的学习材料，效果较好。

7.及时复习

遗忘的速度是先快后慢。对刚学过的知识，趁热打铁，及时温习巩固，是强化记忆痕迹、防止遗忘的有效手段。

8.多回忆，巩固知识

要真正将某项知识记牢，就要经常性地尝试记忆，不断地回忆，这一过程要达到的目的是，使记忆错误得到纠正，遗漏得到弥补，使学习内容难点记得更牢。

9.读、想、视、听相结合

可以同时利用语言功能和视听觉器官的功能，来强化记忆，提高记忆效率，这比单一默读效果好得多。

锦囊

总之，知识的积累，就像建造房子，从砖到墙、从墙到梁，是一个循序渐进的过程。我们要告诉孩子，学习的时候，一定要掌握一定的方法，这样，你在复习上的时间不需要很长，但效果会很好，磨刀不误砍柴工，就是这个道理！

第 6 章 06

鼓励叛逆期少年自主交友，
并为他营造良好交际环境

告诉孩子如何自信大方地与人交往

我们来看下面这位社交恐惧的女孩的内心独白:

> 我小时候是被外婆带大的,住在农村,外婆不喜欢我出去玩,我有害羞的性格。初中起基本不与人讲话,如果必须开口,我也不敢直视对方的眼睛,一说话就觉得自己表情不自然、脸红,像做了亏心事一样。上高中后,我不愿与班上的同学接触,总觉得别人都讨厌自己,尤其害怕男同学和男老师。只要老师上课面对同学时,我就不敢看老师,经常因为紧张对老师所讲的内容不知所云。

这里,我们可以做出分析,这名女孩社交恐惧的形成,与自己的成长环境有关,她成长于父母双亲不参与的外婆家,而外婆使她长期接触不到外面,进而无法获得良好的社交体验和社交技能,久而久之,便形成了孤僻的性格和社交恐惧症。

这一点,也给我们很多家长一点启示,<u>当你劝孩子多出去玩、多跟别人讲话的时候,可能忽视了这孩子从小就被限制社交、内心缺爱的脑神经状态。</u>

的确,青少年都是渴望友谊的,他们都希望自己备受大家欢迎,能融入周围同学,但却因为孩子自身的一些原因,他们的人际关系并不是很好,针对这个问题,<u>父母要做孩子的心理指导师,帮助孩子有针对性地改变自己</u>,可以

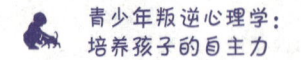

与孩子先聊聊，看看他在哪些方面做得不够，也可以通过其他方式了解孩子不受欢迎的原因。

成长加油站

为此，我们在引导青少年交友的过程中，需要着重培养他们拥有以下几种交往品质：

1.自信

人际交往中最重要的一个品质就是自信，因为只有自信的人，才能成功将自己推销给别人。无数事实证明，这类人更易赢得他人的欢迎。自信的人总是不卑不亢、落落大方、谈吐从容，但绝不是盲目清高、孤芳自赏，而是能清楚地认识自己和发现自己的不足，并善于接纳他人的意见、勇于改正自己的错误，在社会实践中磨炼、摔打自己，使自己尽快成熟起来。

2.真诚

浇树浇根，交友交心。想要交到真正的知心朋友，首先要真心待人，真诚的心能让双方敞开心扉、肝胆相照、心心相印，真诚的人能使交往者的友谊地久天长。

3.信任

美国哲学家和诗人爱默生说过：你信任人，人才对你重视；以伟大的风度待人，人才表现出伟大的风度。在人际交往中，信任就是要相信他人的真诚，从积极的角度去理解他人的动机和言行，而不是从心里猜忌对方、心里设防护墙，因为信任是相互的，你信任别人，别人也才会信任你。

4.自制

人际交往中，人们难免会因为意见不合、误会等原因产生摩擦、冲突，而此时，学会克制自己的情绪，就能有效地避免争论，达到"化干戈为玉帛"的效果。

青少年要想克制自己，就要学会以大局为重，即使是在自己的自尊与利益受到损害时也是如此。但克制并不是无条件的，应有理、有利、有节，如果是为一时苟安，忍气吞声地任凭他人的无端攻击、指责，则是怯懦的表现，而不是正确的交往态度。

5.热情

在人际交往中，热情的人总是不缺朋友，因为别人能感受到他带来的温暖。热情能促进人的相互理解，能融化冷漠的心灵。因此，待人热情是沟通人的情感、促进人际交往的重要心理品质。

锦囊

> 人际交往是一门学问，青少年时期是培养交往能力的重要时期，这是积累生活阅历和社会实践能力的重要能力之一。拥有良好的交往品质是交往的前提，作为父母，我们应该鼓励孩子把心打开，让自己融入集体，让自己人生的重要时期多姿多彩！

青少年交友，父母应加以指导但不能过多干涉

有位初中女生在自己的日记中写道：

自从上初中后，我的生活完全被我父母控制了。他们总担心我会学坏。每天上学、放学他们都给我规定了时间。就连在学校上晚自习还要偷偷跟踪我，刚开始我还以为是社会上的坏人呢，后来，才知道是他们。另外，只要发现他们认为坏的同学跟我说话，我回家就会受一顿训斥。他们不但规定我不许和男同学说笑，而且连讨论功课也不行。所以，一出校门，我就跟变了一个人似的，说话柔声细语，勉强戴上"一本正经"的假面具，装作乖乖女的样子，出现在父母面前。可是，什么时候我才能扔掉这可憎的面具，永远做真实的我呢？

这位女孩的父母的做法很明显是错误的。**孩子到了青春期后，都渴望友谊，渴望与人交往，而一味地阻止孩子与人交往，不仅会导致孩子人格发展的不健全，还会让孩子产生一些更为严重的心理问题。**心理专家告诫家长，青春期是孩子生理及心理变化最大的阶段，同时又是最容易干预的时期，应注意孩子的情绪变化，加强沟通交流。

生活中，常听到一些父母抱怨说，孩子十几岁以后，就喜欢跟同学泡在一起，跟父母反倒越来越疏远，由着他们这样自由交往，孩子肯定无心学习，甚至会变坏！还有一些父母"草木皆兵"，害怕孩子与异性交往会

产生一些不良的后果，于是，专门为孩子制定出一套严格的生活作息时间要求，坚持把孩子关在"笼子"里，让他"两耳不闻窗外事，一心只读圣贤书"。在他们看来，孩子在这样精心设计的环境中学习，才能免除那些不良因素的干扰，既可以免去父母的担心和烦恼，还有利于孩子的成人和成才。殊不知正是这种"封闭式"的教育方式，严重影响了青少年身心的健康发展。

实际上孩子之间的交往是单纯的、发自内心的，很多人能在青少年时结成一生的友谊。**而同时，这些孩子之间的交往，更是有利于孩子适应社会，有助于他们建立坚强的品质，它能让孩子在生活和学习中鼓起战胜困难的勇气。**

因此，作为父母，要抛弃担心和成见，鼓励孩子与人交往，大力帮助并引导他们结识好的朋友，建立纯真友谊，让他们走出狭小的自我空间，在与集体的相处中感受温暖和愉悦，在心与心的交往中丰富自己的情感世界。那么，父母应该从哪些方面帮助孩子呢？

以下是专家的一些建议：

成长加油站

1.鼓励他们走出家门，大胆地交往

很多孩子不敢与周围的同学接触，其实，很大一部分原因来自父母，父母的限制让他们没有踏出第一步的勇气；另外，有一些心理因素，比如自卑等，都会导致孩子不敢与人交往，对此，父母要鼓励孩子："你是最棒的！"父母的肯定是给孩子最大的肯定。

2.鼓励孩子培养自己的兴趣与特长，使其在社交中更自信

当孩子在某些方面有了特长，就会为结识新朋友提供机会，就会使自己在交往中自信增强。托马斯·伯恩特说："友谊建立在共同兴趣的基础上。如果你的孩子朋友不多，那么就努力培养他的多种兴趣。这样，在参加共同活动中，可以逐步建立朋友之间的友谊。"

3.告知孩子评判友谊和朋友的标准

这一点，你可以通过生活中和历史中的那些交友故事来让孩子明白，让其认识到择友的重要和应该选择什么样的朋友。

4.孩子在交友问题上遇到困惑，父母应加以指导

孩子交友，可能主要还是因为有共同的爱好和兴趣等，但你要告诉孩子，要想让友谊长久，就要懂得怎样与朋友相处。你应该让孩子知道：对待朋友，只有真诚坦率，以诚相待，严以律己，宽以待人，才会赢得信任；处事要宽宏大量，不计较个人得失，才会留住友谊；交友，还要求同存异，毕竟每个人的性格、兴趣各有不同，交往中就要尽量尊重朋友的意愿，主动寻找双方都感兴趣的事物进行交谈，不要"三句话不对头，就掉头而走"。同时，要懂得一些为人处世的道理，和朋友说话，要考虑朋友的感受，不说伤害人的话，不要说大话，朋友也要面子……

5.让孩子在选择朋友上有自主权，不要过度干涉

尽管孩子在交往过程中，需要父母的指导，但父母也要尊重他们的意愿，让孩子自主选择朋友，然后在他们交往的过程中，进行积极的引导和帮助。父母还应尊重孩子的朋友，欢迎他的朋友到家里来做客等。

锦囊

总之，作为父母，在关注青少年智力发展的同时，也要指导并帮助他们确立健康的人际关系，并在交往中，促进他们身心健康发展。

鼓励孩子多换位思考，多为他人着想

　　一位四年级的语文老师在给学生批改作文的时候，读到这样一篇作文：敬爱的王老师，希望您不要让我妈妈和我一起上学了，说句心里话，妈妈为此付出了太多太多的心思。妈妈天天有洗不完的衣服，中午哥哥回来前妈妈要把饭做好，哥哥回来吃完饭就要走，到了下午妈妈也要早点做饭，爸爸要从早上7点上班到11点才回来，妈妈还要去接爸爸，回来给爸爸做饭……我保证，我再也不调皮了……

　　当这位语文老师读到这里的时候，流下了心酸的泪水，孩子终于能理解家长的苦心了。原来，事情的经过是这样的：这位同学的名字叫王莉，是学校四年级一班的学生，虽说是女孩，但很调皮，成绩在班上也是倒数，班主任老师认为这是王莉父母疏于管教孩子，为此，他将王莉妈妈请到了学校，让她陪读管孩子。为了能让孩子继续留校读书，从当日下午起，这位妈妈便开始了自己的"陪读"生涯，每天家里和学校来回跑，妈妈为此痛苦不堪，王莉看在眼里疼在心上。为此，她偷偷给班主任王老师写了一封信，乞求老师不要再让妈妈为自己陪读了……

　　从此，这名叫王莉的女孩好像换了一个人，她开始认真学习，开始想对妈妈好，开始感激老师……

　　看完这个故事，相信不少父母都会感叹，如果我的女儿也懂得感恩，懂得理解别人就好了。

　　不得不说，现实生活中，不少青少年与周围的一些人发生矛盾，都是因

为不懂得换位思考，每个孩子在成长的过程中，独立意识都在不断增强，我们若希望孩子成为一个贴心、善解人意的人，就要在这个阶段对他们进行引导。为此，我们可以这样引导：

成长加油站

1.让孩子学会分享

在许多人眼里，帮助他人，意味着付出，意味着对自我的克制，其实更多的人还是在助人的过程中发现了快乐。帮孩子体会与人分享带来的快乐，他会更愿意与人分享并帮助他人。应尽量避免给孩子树立负面的榜样。

2.让孩子学会换位思考

一些青少年之所以会以自我为中心，是因为他不知道自己的行为会给别人带来什么样的负面影响，可以引导孩子站在他人的角度思考问题，学会换位思考。

3.给孩子提供关心他人、为他人着想的机会

如：爷爷下班回来，爸爸帮爷爷倒杯茶，就让孩子为爷爷拿拖鞋；奶奶生病了，妈妈为奶奶拿药，就让孩子为奶奶揉揉疼的地方，或者为奶奶倒水；父母头痛时就让他帮忙按摩按摩太阳穴，日子长了，孩子会学会很多他力所能及的事情。再如上街买菜时，就让孩子帮忙拿一些他能拿动的东西，有好吃的食物就让他送给家人或者邻居家的孩子吃，久而久之，孩子每碰到类似情况，就会如法炮制，慢慢就会养成关心他人的习惯。

4.对孩子关心他人的行为给予表扬和鼓励

如：孩子帮妈妈擦桌子、扫地了，妈妈就要口头表扬孩子"呀！我闺女

长大了,知道疼妈妈了,今天能帮妈妈干活了"。

锦囊

总之,在平时,家长应有意识地去引导教育青少年,爱孩子应爱得理智,我们要多鼓励孩子为他人着想。青春期是孩子性格形成和发展的重要时期,这时,在孩子幼小的心灵里埋下爱的种子,孩子就会主动地关心别人,并能主动给予。这对于孩子以后的人格发展很有必要,不能忽视!

对他人的无理要求,引导青少年学会拒绝

萱萱是个腼腆内向的孩子,她从不和其他孩子争东西,哪怕是她自己的东西,只要别人要玩,她就会默默放弃。

今年萱萱13岁了。这天,萱萱又拿着自己的滑板车出去玩了。其他孩子都对萱萱的滑板车很感兴趣。萱萱就让别人玩,自己则站在旁边干巴巴地等,看着别人一个一个轮番上车,萱萱的脸上写满了无奈。

好不容易车子还回来了,可萱萱的手刚握住她的小车,脚还没有跨上去,又有一个孩子叫着要玩小车。

在旁边看着的萱萱妈妈气不打一处来,想自己的孩子怎么这么窝囊,自己的东西自己都玩不上,如果被掠夺的次数多了,萱萱肯定会越来越惧怕别的孩子,这会让萱萱更内向。

想到这儿,妈妈直接走到萱萱旁边,替萱萱吆喝着把车子要了回来。那孩子的奶奶还嘀咕了一声:"没见过你这么小气的妈。"其他孩子一看萱萱妈妈在那里,都退到了一边。

妈妈大声对萱萱说:"瞧你这个熊样,自己的东西,你想玩就玩,不想玩就不玩,怎么自己的东西反而被别的孩子抢来抢去,自己都玩不上!"

萱萱好像有一种无形的压力,她低着头,一声不吭。虽然,后来萱萱玩着自己的滑板车,可她并不开心。

我们都知道,谦让是中华民族的美德,大多数父母也都明白一个道理,

即孩子最终要走向社会，要在群体中生活。与人分享，才能得到别人的信任、支持和尊重，因此，父母们希望自己的孩子学会与人分享，养成慷慨、大方、谦让的美德。但任何事情都要讲究一个度，**若是轻易承诺了自己无法履行的职责，将会带给自己更大的困扰和沟通上的困难，这就需要孩子学会拒绝别人。**

当然，教导青少年学会拒绝别人这个过程也需要父母的引导，因为拒绝别人实在不是一件容易的事。有些孩子在拒绝对方时，因感到不好意思而不敢据实言明，致使对方摸不清孩子的意思，而产生许多误会，同时也容易给孩子心理造成压抑。大胆地拒绝别人，是相当重要却又不太容易的事情。教会孩子拒绝别人，将使孩子受益终身。要让孩子有勇气拒绝，家长就可以尝试下面的几种方法。

成长加油站

1.教孩子泰然接受他人说的"不"

在日常生活中，即便是在孩子小的时候，作为父母，你也应该在孩子头脑中强化一个概念：别人的东西不属于我。这样，也就让孩子明白了拒绝别人的必要。

2.让孩子坚持自己的决定

有些孩子不敢拒绝同伴的要求是因为害怕别人不跟自己玩，害怕被孤立，于是，别人要什么东西，他就会拱手奉送，可是，事后他就后悔了。这种情况就是平常说的"没志气"，常发生在年龄较小的孩子当中。

这就需要家长逐渐培养孩子的果敢品质，自己说过的话、做过的事，就应该勇敢承担起责任来，自己拒绝同伴后就应该承担起受冷落的后果，而不是过后反悔。

3.教孩子正确认识"面子"

青少年不敢拒绝他人还可能是为了面子。比如，虽然自己的钱都是父母给的，但当别人来借钱去玩游戏时，为了面子还是借给别人。有些青少年甚至发展到别人叫他去做一些不合纪律的事情也会违心去做，而事后却遭到老师的批评。可见，让孩子学会拒绝就应该教孩子正确认识面子。

4.教给孩子委婉拒绝的技巧

拒绝别人的某些无法接受的要求或者行为时，父母要教给孩子应注意的方式、方法，不可态度生硬，话语尖酸。你要告诉孩子，先不要急着拒绝对方，可采用迂回委婉的方式说明自己的实际情况，既不违反自己主观意愿，还可以给对方一个可以接受的理由。以下是几种委婉的、孩子可以学习的方法：

（1）让孩子学会用商量的语气和别人说话。告诉孩子，拒绝别人有时要和对方反复"磨嘴皮子"，直到对方认可。如此，就巧妙地拒绝了对方，避免了一场冲突。

（2）让孩子学会间接拒绝别人。开门见山、直截了当式的拒绝，犹如当头一盆冷水，使人难堪，伤人面子。父母要教会孩子先承后转的方法，这是一种避免正面表述、间接主动出击的技巧。即首先进行诱导，当对方进入角色时，然后话锋一转，制造出"意外"的效果，让对方自动放弃过分的要求。

（3）教孩子善用语气的转折。告诉孩子，当不好正面拒绝时，可以采取迂回的战术，转移话题也好，另有理由也可以，主要是善于利用语气的转折：首先温和而坚持，其次绝不会答应。

（4）教孩子学会推迟别人的请求。如果孩子不想答应别人的请求，父母可以教孩子用一拖再拖的办法，推迟别人的请求，比如说"我想好了再跟你说""我再考虑考虑"等，这都是一种委婉拒绝别人的方法，别人也会从孩子

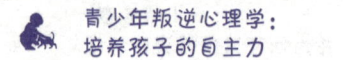

的推迟中，明白他的意图，这样不会使双方过于尴尬。

> **锦囊**
>
> 总之，父母要做的，就是教会孩子如何平和地、友好地、委婉地、商量地拒绝别人的要求，同时泰然自若地接受他人的拒绝，而不是为孩子解决、包揽问题。

嫉妒，是叛逆期孩子的毒药

最近，李先生觉得儿子有点不对劲，他好像不跟自己最要好的同学陈凯一起上学和放学了。不会吵架了吧？李先生心想，孩子之间吵架，很容易和好，也没在意。可是，这种情况持续了一个月，这让李先生感到很奇怪。

看到儿子闷闷不乐的样子，李先生决定找儿子谈谈。"儿子，爸爸知道你最近肯定是遇到什么不开心的事了，如果你把爸爸当朋友，就跟我说说好吗？"

"没事的，您不用担心。"儿子敷衍着。

"是不是和陈凯吵架了？我感觉你们最近也不在一起玩了。"

"不要跟我提他，我没他这个朋友。"

"怎么了，他做对不起你的事了吗？"李先生继续引导儿子。

"没有，我就是讨厌他，他总是比我优秀，以前上小学的时候我们差不多，可是现在，他每次考试都比我好，我跟他在一起，像个小丑，一点面子都没有。"儿子很激动地说着。

"儿子，你要明白，他成绩好，是他的错吗？想想看，如果你跟他做朋友，还能从他那里学到好的学习方法，你们之间如果能在学习上你追我赶，是不是都能得到进步？其实，陈凯是不错的孩子，爸爸一直鼓励你跟他来往，对不？"

"爸爸，你说的有点道理，你让我好好想想……"

案例中，李先生的孩子为什么不再愿意和陈凯交朋友？因为陈凯学习成绩比他好，让他感到没面子。其实，有这种想法情有可原，不少青少年，宁愿跟那些学习成绩不如自己的人交往，就是因为这种心态。

我们每个人都生活在一定的人际范围内，都会不自觉地喜欢与他人作比较，但当发现自己在外貌、财富或者才能方面不如别人时候，就会产生一种羡慕、崇拜、奋力追赶的心情，这是上进心的表现。但有时也会产生羞愧、消沉、怨恨等不愉快的情绪，这后者就是人的嫉妒心理。

美国著名心理学家布鲁纳曾经指出，好胜的内驱力可以激发人的成就欲望。但如果不能正确地认识竞争就会导致我们在相互的竞争中产生嫉妒心理。嫉妒过于强烈，任其发展，则会形成一种扭曲的心理：心胸狭窄，喜欢看到别人不如自己，并喜欢通过排挤他人来取得成功。

为此，我们需要在沟通中引导孩子：

成长加油站

1.理解和接纳孩子的情感，帮助孩子从嫉妒中解脱出来

青少年有嫉妒心理，家长首先不要言辞激烈地指责他、批评他，而应该耐心听他对这种感觉的描述。因为，这时孩子最需要有人聆听他的倾诉并能理解他和体谅他。孩子的嫉妒心随时会冒出来，作为父母，不可能去消灭它，但我可以通过接纳理解它，然后运用智慧，让这种情绪转化为激发潜能的动力。

2.父母给足孩子爱，能化解青少年的不平情绪

任何年龄段的孩子，都需要父母给足爱，只有这样，才能保证身心健康，为此，在日常生活中，我们不要吝啬对孩子的鼓励和称赞，让孩子有安全感和幸福感。这样，孩子就不容易被别人的好运打动，不会沉浸在对别人的艳羡之中，反而会自信地发展自己的优势。更重要的是，父母的爱还能让孩子拥有难能可贵的品格——大度和热情，大度和热情是对嫉妒最好的抵抗剂。

此外，父母把握孩子的嫉妒心，更要把握好自己可能流露的嫉妒心，当邻居搬了新居、当同事得到晋级等，我们也会情不自禁地产生嫉妒，这时，避免在孩子面前流露出自卑或对他人的讽刺、攻击是至关重要的。

3.帮助孩子建立自信，化嫉妒为奋斗的动力

青少年的嫉妒往往存在于同龄的伙伴之间，父母一定要用适当的方法让孩子把嫉妒变成自己奋斗的动力，这对孩子获得友谊和良好性格的形成都是至关重要的。

父母不妨和孩子制订计划，一方面虚心学习，和被嫉妒的孩子探讨学习方式，争取赶上对方；另一方面扬长避短，发扬自己的长处，比如孩子数学基础扎实，家长就要让他继续努力创造出让人羡慕的成绩。

4.引导孩子客观看待别人的长处，避免其钻牛角尖

如果孩子能以这样的心态面对比自己优秀的朋友或者同学，不仅能学会用客观的眼光看自己和对方，也能弥补自己的不足，这样，就不至于为一点小事钻牛角尖，还能交到帮助自己成长的真正朋友。

锦囊

总之，在学习或者生活中，我们要培养孩子宽广的心胸，要让孩子明白一点：如果你的周围有比你优秀的朋友，千万不要嫉妒，心胸宽广，用心交友，以人之长补己之短，才能获得真正的友谊！

第 7 章 07

叛逆少年自制力不足，要运用心理技巧规范其行为

要想让孩子不懒惰，父母就别太勤快

家庭教育中，不少青少年的父母感叹：现在的孩子怎么越来越娇贵了？怎么越来越懒了？**其实，孩子积极性差、爱拖延、懒散，很大程度上与父母的教育方法有关，很多父母对孩子溺爱，总是为孩子包办一切，导致孩子连最基本的自理能力都没有。**蜜罐里长大的孩子弱点多，其中最为典型的就是懒散、爱拖延、依赖性强，很难想象，这样的青少年在进入社会以后能参与激烈的竞争，他们在理想与现实之间，诱惑与机遇之间，很容易就会失掉平衡。

事实上，每个青少年都将进入社会，作为父母，我们放手越早，孩子成熟越早。早些让孩子自立，孩子的责任感会增强，逐渐有了自己的主见，也就逐渐能自立了。在这点上，家长应注意以下几点：

成长加油站

1.做懒爸爸妈妈

很多父母认为，自己小时候吃了太多苦，现在生活条件好了，就是要让孩吃好的、穿好的，认为这就是有品位的生活，其实不然，越是物质上的无条件满足，越会让孩子滋生懒散的细胞，父母可以在适当的时候，给自己放放假，懒一点，这对于成长中的青少年未尝不是一件好事。

女儿出生后，立即成了全家人的宝。爷爷、奶奶、外公、外婆四个人围着小家伙一个人转：女儿要喝奶，奶奶拿奶粉，爷爷拿奶瓶，外公倒水，外婆拿毛巾！那个忙碌劲，不亚于太后用膳。我明白，教育孩子不能过分迁就她。但是，面对老人的高度热情，我无法将这一理念落实。

宝宝两岁时，什么都想抢着干，爷爷奶奶虽然很高兴，但总是一个劲地说："宝宝还小，宝宝还小！奶奶来做！"就这样，小家伙的热情就中途夭折了。

过年的时候，老人都回老家了，这下我可就没有了后顾之忧，决定将"懒"进行到底。

女儿想吃饼干，嚷着要我去拿。我说："你自己去，妈妈也累了。"她不肯，我们僵持着，最终她还是妥协了，自己跑去拿饼干。

我们一家三口逛街回来，累了，我和她爸爸躺到床上，对女儿说："我们累了，休息一会儿，你要是不休息就到客厅看会儿电视吧。"女儿不高兴，可我们都闭上了眼睛，她想了想，就走出了房间，还没忘帮我们把房间门关上。我和老公相视一笑，我悄悄地爬起来，跟在她后面看。小家伙打开冰箱，拿了酸奶，打开电视，一个人坐在沙发上，有模有样地看起来。

在我们的"漠视"下，女儿一个春节竟学会了穿、脱衣裤，拿筷子吃饭，自己收拾玩具，这让我惊喜不已。

现在女儿十几岁了，自己的事都自己做，我从不操心，看来当个"懒"妈妈还真的不错。

从这位"懒"妈妈的育女经中，很多父母应该有所启发。忙碌的教育工作，让很多家长们投入了百分之百的精力，疲惫之余，却仍感力不从心，收效甚微。可见百分之百的勤快家长不一定就能得到百分百的结果。与其这样，倒不如给自己喘口气，放个小假，偷个小懒，做不了百分百的勤快父母，那就换个角色，做"懒"一点的父母，也许还会有意外的收获。

做"懒"父母绝不是为了享清闲、图自在，而是用心良苦。孩子的未来要靠自己去开创，独立的生活能力是一个人生存和发展的基本前提。而这种能力不是天生的，是从小培养和锻炼出来的。父母如果将孩子的一切都包办，等于剥夺了孩子认识世界、锻炼自我的机会。做个"懒"父母是孩子着想，对孩子的成长负责。

2.互相表达爱，让孩子感知爱，从而主动劳动

爱是相互的，孩子需要爱，父母当然也需要。孩子生活优越，全然不知道家长工作的辛苦，怎么可能知道爸爸妈妈也需要爱呢？默默奉献的父母，也要学会时常偷偷懒。周末的早上，不妨睡一个懒觉，冲着孩子发发牢骚："妈妈真辛苦啊，为了你，妈妈少睡了好多个懒觉。"

家长有自己的工作和生活空间，自己偷偷懒，其实就是给了孩子培养独立能力的机会。也才不会把父母的付出看成理所当然。衣食住行是孩子自己的事，父母不是"全职保姆"！

当然，缺失的爱可能会让孩子不适应，产生情绪。那爸爸妈妈一定要时常把爱说出口，让孩子扭转"父母不爱我了"的稚嫩想法。

3.多信任少埋怨

有很多勤快父母什么事都想替孩子做，但做的时候却很不情愿，一边做一边责怪孩子："你怎么什么都不会做？妈妈像你这么大的时候都能上街打酱油了。"要不就说："你看谁谁真聪明，还会自己吃饭呢"……事情没做完，孩子就被数落得垂头丧气，信心全无，更不用说放手让孩子自己去做又会衍生出多少牢骚。

孩子的年纪尚小，出现失误在所难免，父母不能用大人的准则去限制他，相信你的孩子，他有自己的问题处理方案。多给孩子鼓励和表扬，少点指

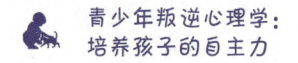

责和埋怨，他就会多点信心和满足。

> **锦囊**
>
> 总之，独立的孩子有自制力，能克服懒散的毛病，而家长要想培养一个勤快、能干、独立的孩子，就要适时放手，就要"勤快孩子懒自己"！

如何防治青少年沉迷网络游戏

13岁的凡凡最近在网上发现了一个很好玩的游戏,孩子毕竟是孩子,对什么产生兴趣后,就一门心思扑在上面,吃饭的时候,爸爸叫了他几次都没反应。

晚上吃完饭,爸爸把儿子叫到身边。

"儿子啊,你这个年纪,的确爱玩,这当然没错,但是你发现没,你最近玩游戏已经有点影响学习了。"

"是吗?"

"是啊,你看,你以前十点之前就能上床睡觉,可是现在要熬到十二点才能完成作业,上次测验成绩也是大幅度下滑啊!"

"是啊,这倒是。可是,这个游戏是新出来的,很多人都在玩,我也想玩啊。"

"要不,你看这样好不,以后每天晚上你回来,饭前的时间电脑归你玩,你可以玩游戏,饭后,我就把笔记本电脑搬到我的卧室,我们父子俩分开玩,以后我们还可以交流游戏心得,这就不耽误你的学习了,你说好不?另外,我觉得以后上网呢,还是尽量多以学习为主,你说是不?"

"爸爸,你真是太厉害了,好,我答应你,另外,这次期中考试你就看好吧,我一定拿个好成绩给您看看!"

这里,我们很佩服案例中的这位父亲的教育方法,孩子喜欢玩游戏,他并不是一味地制止,对孩子说"你绝对不能玩游戏",而是合理引导孩子,让

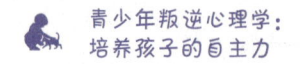

孩子学会了节制。

的确，对于青少年来说，他们身心发展不成熟，好奇心强、缺乏自控力、认知能力不足、自我意识却又很强烈，他们还渴望独立自主、与人平等交往和合作，渴望获得尊重，而网络游戏恰恰迎合了他们的这一心理需求。网络游戏具有极强的现实性和互动性，在这样一个虚拟的世界里，青少年同样可以感受到与他人的合作和互动，游戏升级更让他们找到成就感。**但青少年玩游戏必须有度，如果沉溺其中，他们不但会失去学习兴趣，影响正常的生活，甚至连行为倾向都会发生扭曲。**

作为父母，我们要告诉孩子，对于网络游戏一定要有自制力，万不可把网络游戏中的暴力带到生活中。具体来说，我们父母要做到：

成长加油站

1.正确看待，并尝试和孩子一起玩游戏

游戏的确可能会给孩子的学习带来影响，但游戏并不是洪水猛兽，游戏的作用不能全盘否定，游戏能帮助孩子提升智力，这点毋庸置疑，我们父母可以和孩子一起玩游戏，不仅能起到监督的作用，还能共同探讨游戏中的很多问题，可谓两全其美。

2.定规矩，合理游戏

家长应心平气和地与孩子定一些彼此都接受的规则，比如：只能进入指定的几个游戏网站；别人推荐的游戏需要家长同意才能玩；要保护自己和家庭，不能在网上留下家里的电话；打游戏时间不应超过两小时等。

3.孩子沉迷游戏时，应多加监督和管理

对于孩子的游戏瘾，父母可以巧妙运用递减法。比如，从原来每天游戏6小时改为5小时，再改为4小时，逐步减到每天一两小时，慢慢恢复到正常状态。不能急于求成，要在循序渐进中收到成效。

4.告诉孩子沉迷游戏的危害

我们可以从以下三个方面告诉孩子沉迷游戏的危害：

（1）身体素质方面。那些经常沉迷于游戏的青少年，无论是球场上还是公园里，都看不到他们的身影，因为他们长期待在电脑前、网吧里，造成情绪低落、疲乏无力、食欲不振、焦躁不安、血压升高、神经功能紊乱、睡眠障碍等，缺少锻炼更是让他们身体素质差。

（2）心理素质方面。长期沉迷游戏会导致青少年不愿意与人交往，逐渐导致性格孤僻，也就是人们常说的"游戏孤独症"，也有一些孩子，把所有的精神娱乐都放在游戏中，甚至接触一些社会不良人士，并陷入这些纠葛中，严重的甚至出现精神障碍、轻生等情况。

（3）智力素质方面。网络的影响是多方面的，长期沉溺其中，会让人失去学习的兴趣，他们正常的学习、生活秩序遭受破坏，学习时间无精打采，学习成绩下降，有的甚至厌学、逃学、辍学。

因此，我们要告诉青少年，一定要自律，有节制地玩游戏，学习才是一个孩子的主要任务。

5.引导那些喜欢玩网络游戏的孩子利用网络来为生活服务

网络为生活带来的便捷早已毋庸置疑，我们要教会孩子利用网络信息的庞大和快捷，为生活带来方便，比如，当全家要出外旅游时，你可以将查路线、订酒店等任务交给孩子；当你需要某种书籍时，也可以让孩子在网上为你

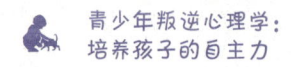

购买。这让孩子体会到成就感的同时，还能开阔孩子的视野，培养孩子的生活自理能力。

6.鼓励孩子多出去走走，多看看外面的世界

爱玩游戏的孩子大致的生活节奏是奔波于学校、家和网吧之间，慢慢地，他们和同学疏远了，和朋友疏远了，生活也枯燥无味。而鼓励孩子多出去走走，最重要的益处就是能锻炼他的交际能力，还能联络同学之间的感情，拉近和同学之间的距离，让他更受同学的欢迎。

再者，这样做，还是帮助青少年适当调节学习压力和吐露心事的一个重要方法，毕竟同龄人之间有着太多的相似点，面对每天同样紧张枯燥的生活，他们更容易产生共鸣，相互之间的交流能减轻生活和学习的压力，彼此之间的鼓励也会让孩子鼓起勇气和信心，继续努力学习，久而久之，他们也就不再沉迷网络游戏了！

锦囊

网络的普及和网络游戏的迅猛发展在给人们带来惊喜的同时也引发了一系列的社会问题，其中青少年网络游戏成瘾问题越来越受到人们的重视。其实，上网绝不是"洪水猛兽"，网络游戏也并不是不能玩，但凡事应有度。作为父母，我们一定要对孩子的上网行为作出指导，要让孩子明白，他能在网游游戏中寻求到的心理满足，同样能在现实生活中得到。

上课捣乱的青少年，父母要如何引导

"我是一个14岁男孩的母亲，我儿子今年上初中三年级，可他从去年开始逆反心理越来越强，还喜欢跟老师顶嘴，对着干，由开始的课堂上故意捣乱，到现在的不学习、上课不听讲，趴在桌上。现在回家连书包都不带回来。"一位母亲说。

"我这个月已经是第五次被老师请到学校了，我儿子上课要么不听讲，要么和同桌讲悄悄话，更为严重的是，一次他居然把篮球拿出来，和几个男生一起玩起传球，那个新来的英语老师被气得半死。"另一位父亲说。

"我真不知道您的儿子是不是有多动症，他这样总是捣乱，我没法上课，也影响了其他同学，希望你回去好好和他沟通一下。"一位老师气愤地对某家长说。

作为父母，我们知道，学习对于任何一个孩子来说，都是最重要的事。而课堂学习是一个师生互动的过程，学生成绩的好坏很大程度上取决于课堂听讲的效果。但很多孩子，一到初中，就由以前一个上课认真听讲的好学生变成一个"捣蛋虫"，这不仅给老师的教学工作带来困扰，也让很多父母忧心忡忡，很多父母也被老师请到学校，希望能找到一条有效解决问题的方法。

一般来说，青少年在课堂上不能用心听讲大约有三种表现：

第一，这些孩子不听讲，但都是"自己玩自己的"，也就是不会影响老师上课，也不会影响他人听课，但是在座位上做小动作，比如，玩文具、听音

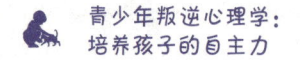

乐、看课外书等。

当然，这类孩子不听讲并不是为了让老师生气，而是因为他们根本无法听进去老师上课的内容或者根本听不懂。我们可以认为这是一种学习障碍。

第二，自己不听讲，却还影响周围其他的同学。这类同学似乎永远有说不完的新鲜事，甚至绘声绘色地为周围其他同学讲述，这就造成课堂学习中的一种噪声，既严重干扰了老师的课堂教学，又严重影响学生的学习效果。

第三，一些同学自己不听讲，还在课堂上大声喧哗，甚至随便下座位、打闹，极大破坏了老师的课堂教学及学生的课堂学习，老师经常不得不中止教学维持课堂纪律。

弗洛伊德的精神分析理论告诉我们，人的任何行为都是有原因的。在找到以上三种表现的原因后，问题就解决了一半，那么学生课堂行为的表现背后都有哪些原因呢？

其实，以上三种情况，都与青少年的逆反心理有关。**这时期的孩子，身心都处于不稳定的状态，他们渴望自由，但又不得不面对那些繁重的学习压力，此时，他们便产生一种矛盾心理，于是，他们会产生学习效率低下甚至厌学的情况**，但即使如此，他们还是不得不面临课堂学习，于是，他们就会将逆反的矛头转向老师，于是，他们会出现上课注意力不集中、故意和老师作对等情况。

那么，作为父母，我们该如何配合老师做好孩子的心理调整工作呢？

成长加油站

1.不要给予孩子过大的学习压力

作为父母，我们不要过分看重学习成绩，这对孩子来说是一种无形的压力。很多孩子都有这样一种感受，当他们学习成绩下降，父母常常是老账新账一起算，把孩子学习成绩下降归结到玩得太多、不认真等，甚至骂孩子"蠢""笨"等，这只能导致孩子的对抗情绪。在课堂上，他们没有学习的动力，逆反心理会再次使得他们不认真听讲。

2.与老师多沟通

一般来说，学生犯错误，老师都比较厌烦，尤其是那种屡教不改的学生，老师一般都会采取罚站、当众批评、叫家长的方式来处罚他。然而，这时期的孩子已经有了面子的概念，这种方法只会加剧孩子的逆反心理，甚至使他们产生厌学情绪。

因此，父母不仅不能接受教师的惩罚方法，更要建议老师寻找新的解决问题的方法，要给予孩子更多的理解与支持，与其建立良好的沟通。

另外，在教学方法上，可以建议老师让孩子多进行一些自主性学习，课堂教学正发生着"静悄悄的革命"，无论是"自主学习""合作学习""探究学习"，还是"洋思经验"中的先学后教、当堂训练的课堂教学模式等，都在努力探索体现新的教学理念，而这一切又都需要老师帮助学生在课堂学习中拥有一个愉快的心境。

> **锦囊**
>
> 总之，作为父母，我们不要认为孩子在学校，就可以放任自流，让老师管教等，任何父母，都必须做孩子情感的依靠，如果你真的能做到理解孩子，让孩子产生情感认知，那么，你会发现，你什么事情都不用做，孩子的逆反问题就解决了一半。

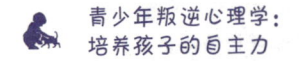

青春期的孩子开始学"坏",如何及时制止

刘先生的儿子刘威一直是个听话的好孩子,但最近却接连几次出现了偷盗行为,还惊动了警察局,这天,刘先生不得不和班主任老师一起来到警察局。

其实,刘先生的家境很不错,生活条件也很好,儿子刘威一直也不缺零花钱,那刘威为什么偷盗呢?事情是这样的:

有一次,刘威到好朋友方伟家去玩,发现方伟家有一架很逼真的玩具望远镜。刘威想知道这架望远镜究竟能看多远,就向方伟请求借来玩玩,没想到方伟很小气,不答应。刘威很生气,就想故意偷走这架望远镜,好让方伟着着急。果然,找不到望远镜的方伟急得像热锅上的蚂蚁,刘威这下子得意了。

从那次以后,刘威就产生了一种很奇怪的心理,他觉得做坏孩子,偷别人的东西,能获得一种快感,班上很多同学的文具都被他偷过。而这次,他在逛超市时,因控制不住自己,从货架上偷拿一些并不贵重的物品,他刚准备把它们放在不易被发现的地方带回家,就被超市老板抓住了。

如刘威这样的青少年并不多,但却很有代表性。**实际上,很多青春期的孩子偷窃,并没有明显的目的,有时纯粹是为了给别人造成困难而获得快感。**如盗窃经济价值不大的物品,有的只是把窃得的东西扔掉、损毁或随便送人,这些行为让很多父母很是头疼。

除了盗窃外,一些青少年还会做其他一些"坏事",当然,很多时候,他们做的坏事并不构成违法犯罪，比如，不听父母话、谈恋爱，打架等，在他们看来，似乎听父母老师的话、做乖孩子是一种没长大、会被鄙视的行为。我们还可以发现，在校园里，很多孩子尤其羡慕那些故意和老师作对、欺负低年级孩子的同学，他们认为，这样的同学更容易得到周围人的尊重和认可，因此，这种行为就会被争相效仿。然而，如果父母不对孩子的行为加以引导和控制，势必会对孩子的成长造成恶劣影响。

近年来，各类媒体报道经常出现一幕幕以青少年为主角的悲剧：轻则殴打教师让教师下跪，重则砍杀父母、自虐自杀……一宗宗骇人听闻的报道，让我们触目惊心、入耳心寒。处于青春期的他们，原本是父母、教师和祖国未来的希望，何以会出现上述令大家匪夷所思的行为呢？这个问题应该引起越来越多人的深思。

步入青春期的孩子，精力充沛，思维敏捷，记忆力强，情感丰富，但由于青少年时期是身心健康趋于定型的时期，是走向成年的过渡阶段，也是性意识萌发和发展的时期，他们的心理发展和生理发育往往不同步，具有半成熟、半幼稚、叛逆等特点。 因而，在他们心理素质发展的关键阶段，父母应当引起重视，对有不良行为的孩子既不能生硬批评，引发他们的叛逆情绪，也不能任其发展，让他们走入歧途。以下是几点建议：

成长加油站

1.正面教育，不要随便给孩子"贴标签"、打骂孩子

孩子做了些"坏事"，并不代表孩子就是真的"坏孩子"，更不能给孩子贴标签，但是决不能放任不管。

为此，我们在确信自己的孩子做了一些"坏事"之后，首先要帮助孩子将事情的影响降到最小。有的家长认为只有"打"才是改正"偷窃"行为的最

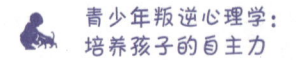

好对策。其实错了，打得厉害、疏远了父母与孩子之间的感情，他会感到更孤独，得不到家庭的温暖，甚至不敢回家，流浪在外，与社会上的浪子交往，被他们所利用，最后走入歧途，甚至会触犯法律受到制裁。

2.细心观察，防患于未然

日常生活中，我们一定要随时观察孩子的思想动向，如果孩子的零花钱突然多了，孩子的脸上出现了一些瘀伤等，我们一定要引起重视，因为这意味着你的孩子可能打架或者偷东西了。然后，我们要仔细排查可能出现的情况，不管运用什么方法，其目的只有一个：动之以情，使他自己承认错误，但不能伤害他们的自尊心，如果事态的发展需要对他们的错误行为进行保密，那么，一定要坚守诺言。否则就失去了再一次教育他们的机会，他们再也不会相信你。

3.培养青少年的是非观念

虽然青春期的孩子已经有了是非观念，但极容易受到影响甚至改变，因此，作为父母，我们一定要经常对孩子进行一些是非观念的培养。必须让孩子了解有些行为是家长不允许的，也不容许同样的事再次发生。对这类孩子进行矫治，必须先从帮助他们形成正确的是非观念、增强是非感开始。要做到这一点，必须从他们现有的实际认识水平出发，逐步提高，通过反复教育，培养孩子的是非观。

锦囊

总之，叛逆的青少年，可能经常会出现想做"坏孩子"的冲动，或者做了某些"坏事"，对此家长切不可急躁，既要批评，又要耐心说服，孩子受到触动，感到内疚，才会自觉改正！

培养青少年勤俭节约的习惯，杜绝铺张浪费

在家庭教育中，我们要强调培养孩子的独立自主性，就包括培养其自制力，而在自制力的培养中，就有消费习惯的培养，青少年远离奢侈浪费，才能树立正确的金钱观。然而，随着物质生活水平的提高，青少年奢侈浪费的现象比较严重。有的孩子穿衣服总要穿名牌且喜欢互相攀比；有的孩子喜欢漂亮、高档的文具盒，常常是原来的文具盒还好好的就被丢弃了；有的孩子零食买多了吃不下便随手扔进垃圾桶内；有的孩子过生日邀请同学聚会……这些孩子只知花父母的钱，完全不知父母的辛劳。大手大脚地花钱、对金钱的依赖，正悄悄地改变着他们的价值观、人生观和道德观。这不能不令父母感到深深忧虑。

那么，家长到底应该怎样引导青少年懂得节俭、拒绝张浪费呢？

为此，家长不妨从以下几个方面入手：

成长加油站

1.教育孩子正确认识钱

要让孩子从小懂得钱是什么，钱是怎么来的，怎样正确地对待钱财，不义之财绝不可取。当孩子年龄还小时，要从观念上教导，应联系实际生活给孩子讲解，多引用一些事例。而到了青春期后，可以跟他专门讨论钱的问题。

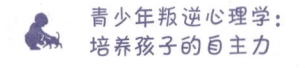

2.正面教育，发挥榜样作用

榜样的力量是无穷的。父母可以经常利用领袖人物、知名人士勤俭节约的故事来感化孩子。如给孩子讲艰苦朴素、勤俭节约的劳动人民本色的故事；以我们的父辈，为了使全国人民过上幸福生活，坚持自力更生、艰苦奋斗的经历来教育孩子；还可以讲一些有作为的企业家，现在仍旧保持艰苦朴素的作风。

3.教孩子学会积累

我们发现，很多孩子的玩具里，都有储蓄罐这个东西，家长应该鼓励你的孩子设立"私人小金库"，孩子手里的零用钱、压岁钱都可以存起来。帮助孩子在存钱、用钱的过程中培养节俭的好品质。

4.教育孩子懂得量入为出

要让孩子明白，花钱必须有经济来源。每个人、每个家庭的经济情况不同，花钱要看支付能力。即使家里很有钱，也不能满足孩子的所有要求。

5.教育孩子珍惜物品，不浪费

让孩子懂得所吃、所穿、所用来之不易，都是人们用汗水和心血创造出来的，随意浪费是不珍惜劳动果实、不尊重劳动的表现。让孩子经常参加劳动，体会劳动的艰辛。

6.家长应该以身作则，树立正确的消费观

我们不难发现，孩子是具有积累意识的，但又是感性的，他们很多消费习惯是从家长那里模仿来的。培养孩子节俭的品质，首先应该从家长做起。家长从认识到行为，都应给孩子做出好榜样。

新的时代，应该建立科学的消费观念，以下三条是家长应遵守的重要的消费标准：

（1）要高效益地使用金钱、财物，合理消费，用所当用。

（2）要有利于孩子的发展——形成良好的品质素质、身体素质、心理素质、文化素质。

（3）要杜绝奢侈浪费、享乐主义。

7.可以开展体验活动，引导正确消费

父母可以把一个月中所有的收入交给孩子，并放在抽屉中，让他来合理安排并记好账。引导他们认识到生活中处处要用钱，如果不勤俭节约就无法正常生活的道理。

另外，可以让孩子和贫困家庭的孩子手拉手，通过交往、共同生活，体验到身边还有许多家庭生活贫困。这样还可以培养孩子的爱心，健全孩子的人格。当然，父母平时更应率先示范，平时穿着朴素大方，给孩子以积极的影响，使孩子学有目标，确立正确的消费观念。

总之，我们不应该忘记中国的古训：成由勤俭，败由奢。节俭的美德是传家宝，在青少年身上应得到继承和发扬。成功由勤劳节俭开始，失败因奢侈浪费所致，即使到了很富裕、很有钱的时候，这个朴素的真理也不会过时，节俭是一个人的重要品质，很难想象，一个从小大手大脚、随便浪费、攀比虚荣的人能创造一番事业，建设好家庭。

锦囊

作为家长始终要记住，我们教育孩子，也要让他吃点苦，让他知道金钱来之不易，只有这样，孩子才能学会节约，学会理智消费。

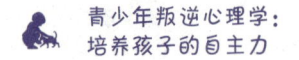

为什么一些青少年会染上烟瘾

陈先生有个儿子天天,今年刚15岁,却学会了抽烟。

"我第一次发现他抽烟,是半年前的事了,那天,我发现,我买了一包烟,还没抽几根,就没有了。后来,我在天天的房间发现了烟头,才知道,这小子居然偷偷开始抽烟了。再后来,我给他的零花钱,他总说不够花。那天,我下班很早,就顺便去他学校接他放学,结果却看到他和几个同龄的小伙子躲在墙角抽烟,我当时真是火冒三丈,当场把他带回家,好好教训了一番,可是,好像一点用处也没有,他居然反驳道:'你要是能把烟戒了,我也戒。'"

的确,很多青少年尤其是男孩子,他们会把抽烟当成成熟的一种标志,在抽烟的时候,他们觉得自己就如同大人一样,觉得很潇洒,但时间一长,便染上烟瘾,<u>而处于青春期的他们,身体发育尚未成熟,过早地抽烟,对身体发育有害无益,也严重地影响他们的学习进步,应该及时教育纠正</u>。很多父母都意识到这一问题,但往往屡禁不止,着实伤神。

青少年之所以抽烟,是有多方面原因的:

首先,青少年情绪不稳定,身体、学习、生活带来的种种压力很容易导致心理平衡、情绪出现大的波动。这时,如果没有合适的排遣方式,吸烟便成了他们解闷、发泄的最好途径。

其次，这时期的孩子会把抽烟当成是"吃得开"的一种标志。这种想法正像瘟疫一样在校园内广为传播。

实际上，对孩子抽烟喝酒的恶习，要从说服教育入手，单纯地禁止，往往收不到良好的效果。

那么，家长怎样帮助孩子改正吸烟的坏习惯呢？

成长加油站

1.正面教育，让青少年明白吸烟的危害

青少年已经有了一定的自主意识，对于周围的事物已经有了一定的认识，只要我们向孩子进行说理教育，他们一般都能认识到吸烟的害处，自觉性高的孩子还能自觉地克服抽烟的坏习惯。

一般来说，抽烟对青少年的危害在于：

（1）香烟中含有很多有害身体健康的物质，尤其是尼古丁。而青春期的孩子，身体正处于发育期，身体器官还没发育完全，尤其是呼吸道，在抽烟时，支气管和肺泡会被香烟中的有害物质侵害。因此，青少年抽烟的危害比成年人更大。

（2）青少年吸烟，会降低大脑的活力，影响记忆力和学习能力。

（3）吸烟容易让青少年结识社会上的坏人从而走上违法犯罪的道路。

2.要切断使孩子染上吸烟坏习惯的污染源

主要从三个方面着手：

（1）父母以身作则，尽量为孩子营造一个"无烟环境"。案例中的天天就对其父亲提出："你要是能把烟戒了，我也戒。"事实上，在父母抽烟的家庭，青少年抽烟的概率会更高，可见，在这一问题上，家长一定要给孩子树立

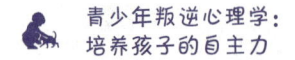

榜样，不吸烟或戒烟。

（2）鼓励孩子多参加一些积极向上的活动。家长应密切关注孩子的社会关系，防止他们和社会上的吸烟伙伴经常来往。

（3）与学校领导、老师进行配合，观察孩子是否有吸烟迹象，实行共同监督。

3.培养孩子戒烟的心理要求

很多青少年尤其是男孩之所以会抽烟，是因为在他们幼小的心灵里，认为会抽烟是一个人成熟的标志。于是，他们开始学着抽烟，认为抽烟很好玩，随后，他们开始染上了烟瘾，甚至不以为然地在公开场合抽烟。此时家长应该帮助孩子树立正确的认识，要让孩子明白，一个人是否成熟，并不是以是否会抽烟为标志的。很多大人也是不抽烟的。

同时，当孩子学会抽烟以后，家长不能训斥、挖苦，更不能打骂，因为只有让孩子从主观上认识到抽烟的危害，并产生戒烟的动机，才是帮助孩子戒烟的良方。

4.帮助孩子将精力集中在学习上

生活中，很多孩子，一旦开始学会吸烟，就很容易染上烟瘾，而更为严重的是，他们会失去学习兴趣。为此，家长一定要对这些孩子加以引导，让孩子重新拾起学习的兴趣，并关心孩子的学习状况，对孩子学习上遇到的困难加以指导，鼓励孩子的每一点进步，使孩子将主要精力和活动时间用在学习上。这将有助于他们戒掉吸烟恶习。

锦囊

总之，青少年正处在长身体的时期，抽烟不仅影响正常发育，而且有害身心健康。但只要父母能通过恰当的方式进行引导教育，大部分孩子都能改掉这一不良嗜好。

第 8 章 08

青少年独立自主性培养，
重在给他足够的成长空间

别压制，允许青少年有自己的看法

陈霖上初中二年级时，学校要举行全校性的语文知识竞赛，陈霖告诉妈妈："老师想让我参加纠正错别字竞赛。"

"这是件很好的事，你去报名了吗？"

"还没有。"

"为什么？是不是没有想好？"妈妈问。

"竞赛时台下会有很多人看，我有点害怕。"陈霖很激动，毕竟这是她第一次参加这种集体性的竞赛活动。

"要是参加竞赛的话，也可以锻炼锻炼自己，不过这件事你还是自己决定，我只是告诉你我的想法。"妈妈鼓励道。

后来，陈霖自己决定参加这次全校范围内的语文知识竞赛。

每个人有自己独立的人生，我们的孩子也是一样，让孩子自己做选择，也有助于强化他的自我意识，陈霖的妈妈是位家庭教育的有心人，**让孩子自己做决定，尽管他们会遇到一些挫折，但那些挫折最终和成就一起，让他感觉自己的生命是丰富多彩的，更重要的是，这是自己的。**

同样，对于青少年来说也是如此，到了青春期，我们的孩子已经开始形成独立自主的性格，他们希望可以按照自己的想法说话、做事，但不少父母却因为害怕孩子走错路进行压制，这样做，只会让孩子越来越疏远我们。

作为家长的我们，在家庭教育的过程中，如果总把自己的意愿投射在孩子身上，往往会事与愿违。比如，很多父母为了让孩子出人头地，常会让孩子学习各种知识、各种技能，但实际上，这样做，孩子并不会按照他们的意愿好好地学习。更糟糕的是，他们也会和很多青春期的孩子一样产生逆反心理，也会变得叛逆、对父母封闭内心，导致亲子关系的紧张。

<u>事实上，生活在一个充满选择的时代，任何人必须能够做出有根据、负责任的决定。</u>如果你的孩子了解自己的偏好，对自己的偏好充满信心，足以顶住外部的压力，并且能够全面考虑他做出的选择可能给自己及他人带来的后果，他就会做出更加正确的决定。

因此，在与青少年相处的过程中，我们不要总是将自己的观点强加给孩子。具体说来，我们需要做到：

成长加油站

1.鼓励你的孩子在平时表达自己的想法和感受

一位女孩曾这样自豪地说："有一次数学课，我用一种简单的方法做出了一道复杂的题目，但是老师并不承认我的做法。当我把这件事情告诉爸爸时，爸爸对我说：'孩子，你是对的！'后来，在我的成长中，经常会遇到类似的情况，但都是爸爸的那次鼓励给了我继续说下去的勇气！"

2.让孩子根据自己的兴趣选择

我们在帮助孩子做选择时，一定要考虑他的兴趣，兴趣是最好的老师，我们可以给孩子一定的建议，但不能替他拿主意，比如，有的孩子喜欢看科幻小说或漫画，而你如果非让他看科普读物的话，他只会越来越排斥看书。

3.体谅孩子的情绪和思维,而不是嘲笑

可能在你看来,孩子是幼稚的,他们的想法不可思议,但你千万不能嘲笑他们,也不要以自己的思维来要求他,你要允许孩子把自己的观点表达出来。当孩子主动和你谈起他对某件事情的感受和想法时,不要不耐烦地敷衍了事,而应该跟他一起聊聊。

4.要善于称赞孩子

当孩子努力去做了,或做得很好时,家长要立即予以称赞和鼓励,以调动孩子的积极性,增强孩子的自尊心和自信心。这种鼓励尽量不要以实物的形式,比如,给孩子买玩具、买好吃的东西等,因为这样容易刺激孩子的虚荣心,时间久了,反而会阻碍他的健康成长。

锦囊

总之,身为父母,我们必须认识到,即使他是你的宝贝孩子,但他也是独立的人,也应该有自己的个性。如果总是把自己的想法强加给孩子,那么,你就无法真正了解孩子的兴趣、爱好、特长在哪里,也会限制孩子的成长。我们不应该把自己的价值观强加给孩子,而是应该学会从孩子的角度看问题。

别总要求青少年听话，鼓励孩子自己做决定

──★

小旭今年12岁了，但初一的他还十分依赖父母，什么都习惯问父母，希望父母给他拿主意，小到吃什么、穿什么这些事。小旭的妈妈是个有心人，她决定在生活中逐渐纠正儿子的这一心态。

这天，小旭做完作业，准备看电视时，妈妈把小旭叫到身边，对他说："儿子，妈妈知道你们学语文课文应该经常要写中心思想，妈妈今天看到一个故事，你帮我总结一下吧。"

"什么故事？"

"很久以前有个年轻人，他有很多朋友，一天，有个朋友和他约周末早上一起去钓鱼，年轻人很高兴，因为学习钓鱼一直是他的愿望。

因此，头天晚上，他先收拾好所有装备，比如，网球鞋、鱼竿等，并且，因为太兴奋，他居然穿着自己刚买的网球鞋就上床了。

第二天一大早，他就起床了，把自己的东西都准备好，并且，他还时不时地朝窗外看，看看他的朋友有没有开车来接他，但令人沮丧的是，他的朋友完全把这件事忘记了。

此时，年轻人并没有因为此事而懊恼和生闷气，而相反，他认识到，他是时候要独立自主了、自己拿主意了。

于是，他来到最近的超市，花光了身上所有的钱，买了一艘他心仪已久的橡胶救生艇。

中午的时候，他将自己的橡胶救生艇充上气，顶在头上，里面放上钓鱼的用具，然后来到了河边，随后，他麻利地摇着桨，滑入水中，假装自己在启动一艘豪华大油

轮。那天，他钓到了一些鱼，又享用了带去的三明治，用军用壶喝了一些果汁。

后来，他回忆这次的经历，他说，那是他一生中最美妙的日子之一，是生命中的一大高潮。朋友的失约教育了他，凡事要自己去做。"

"妈妈，我明白你讲这个故事的用意了，我会努力改正的，以后不能什么都让你们替我做决定，不过，请您给我时间，好吗？"

的确，生活中最大的危险不在于别人，而在于自身；不在于自己没有想法，而在于总是依赖别人。

反过来，依赖足以抹杀一个人前进的雄心和勇气，阻碍一个人用努力去换取成功的快乐。依赖会让自己日复一日地滞足不前，以致一生碌碌无为。过度依赖，会使自己丧失独立的权利，它是给自己未来挖下的失败陷阱。

每个青少年都要脱离父母走向社会，因此，**我们父母有必要培养青少年的自主意识，要让他明白，一个人，可以平凡，但不能平庸。**

这需要我们在日常生活中这样引导青少年：

成长加油站

1.鼓励孩子："你可以的。"

生活中，许多青少年常常说"我不行"。这种意识有两个来源：一是源于自我，叫作自我意识；二是源于他人，叫作外来意识。有些家长自己就总觉得自己的孩子不行，有孩子说："我想学游泳，我妈妈说，你不行，你从小体弱，下水会淹着的！我想学炒菜，我妈妈又说，你不行，会烫着手的！我想学骑车，我妈妈说，你不行，会摔着的……不行，不行，我什么时候才能行？'"

这位妈妈看上去十分爱护自己的孩子，实际上这是在害孩子。总对孩子说"你不行"，慢慢地，孩子就会把自己定位为一个弱者，觉得自己真的什么都不行了。"我不行"在孩子的头脑中一旦扎下了根，他就会变得对做任何事都没有信心，会觉得离开了父母和老师寸步难行。

因为，"我不行"是一种负信息，是缺乏自信心的表现。总用这种信息来暗示自己，一种"我不行"的形象就被自己不知不觉地塑造出来了。

而"我能行"是一种正信息，是成功者必备的心理素质。总用正信息来调控自己，一种"我能行"的形象也就不知不觉塑造出来。

2.告诉孩子学会表达自己的需要

你要告诉孩子："对于你内心的想法，你要学会告诉家长、老师，否则，他们便会左右你的想法和观点。"

3.让青少年独立面对各种难题

正如一位名人所说："所谓成长，就是去接受任何在生命中发生的状况。即使是不幸的、不好的，也要去面对它，解决它，使伤害减至最低。所谓的成长，所谓的智能，所谓的成熟，都不过如此。"这样的孩子才能独当一面，成为一个自立自强的人。

锦囊

总之，只要不是原则性的问题或危险的事情，父母都可以放手让青少年自己做决定，而且要多提供机会，让孩子自己做决定，并且是真正的自己做决定，父母千万不要左右你的孩子，也不应该对孩子事先做出假设或者限制，要给孩子以独立思考、学习和玩耍的时间和机会，这样，他才能成长为一个独立、不人云亦云的人。

第8章 青少年独立自主性培养，重在给他足够的成长空间

放手让青少年自己承担责任和后果

孩子到了十几岁以后，不同于年幼的儿童，他们已经有了一定的行为能力和处理问题的能力，作为父母，我们应该给他们承担责任的机会。然而，在现实生活中，大部分父母是怎么做的呢？通常是替孩子出面解决、将孩子护在身后，这种教育方法对孩子责任感的培养毫无益处。

其实，在家庭教育中，**无论是男孩还是女孩，责任心的培养都尤为重要**，那些事业有成者，无论做什么，都力求尽心尽责，丝毫不会放松；成功者无论做什么职业，都不会轻率疏忽。这就是一份责任。

在孩子成长的过程中，他们的个性、品质逐渐形成，父母必须着力培养孩子的责任感。 影响一个人意志形成的因素有很多，家庭环境是十分重要的因素，家长的言行对孩子人格发展有潜移默化的作用，让孩子从小磨炼敢于担当责任的品质，才能把孩子培养成一个合格成熟的社会人。

因此，对家长来说，培养青少年的责任感，正确的教育方法很重要。从现在起，作为父母，一定要摒弃那些教育孩子的误区，具体来说，家长可以做到：

成长加油站

1.告诉青少年自己的事情自己做，让孩子对自己负责

孩子的事情家长不应"大包大揽"。中国式家长，对孩子的事往往是"帮你没商量"，主观地为孩子做决定，结果往往事与愿违。如果我们把选择

的权利交给孩子，孩子就会对自己负责，就会做出让你感到吃惊的成绩来。

对自己负责就要自己的事情自己做。比如，父母要让孩子做到这些：每天早晨闹钟一响，就应该马上起床，再困也要起来，准时去上学；遇到刮风或雨雪天气，就应该提早起床，坐不上车，走也要走到学校，决不能迟到；自己的书包、书籍、衣物等物品自己整理，自己的房间自己打扫。你要让孩子明白，以上这些事情，不能依赖父母，要让他记住"这是我的责任"。

2.培养青少年的孝心，让他们学会对家庭负责

作为家长，可适当地让孩子了解一些父母的忧虑和难处，提出一些问题，引导孩子独立思考和选择，大胆发表自己的见解。也可以让孩子表达自己的孝心，比如，当家里的长辈过生日时，你可以要求孩子自己动手制作一份生日礼物，并让他写上一句知心的话，让孩子感到家庭的美满幸福，要靠爸爸妈妈和自己的共同参与，进而增强孩子对家庭的责任心。让孩子关心父母，主动帮父母做些力所能及的事，从而让其记住"这是我的责任"。

3.鼓励青少年大胆参加集体活动，让他们学会对集体负责

集体责任感的树立还是要回到集体中，如果你的孩子性格内向，不愿意参加一些集体活动，你一定要给予鼓励："我相信你一定可以表现得很好！"父母的鼓励是对孩子最大的肯定。同时，当孩子在集体中犯了错误时，也要鼓励孩子承担责任。例如，孩子跟着爸爸妈妈到朋友家做客，不小心损坏了物品。这时应该让孩子知道，是由于自己的过错，才造成了这种后果，应当给予赔偿。随后一定要带孩子一起买东西去朋友家道歉。

4.让青少年体验社会生活，让他们学会对社会负责

孩子毕竟是要经历社会的洗礼的，初中阶段，他们已经具备一定的社交

能力和参与社会活动的能力，我们不要总是把孩子拴在身边，这样对孩子有害无利。孩子就像一张白纸，你把他描成什么样，他将来可能就是什么样，从小让孩子学做高山，孩子就会长成山；让孩子从小学当大伞，孩子长大了就能顶天立地！

5.父母要对自己的言行负责，为青少年做出榜样

无论作出什么许诺，都要尽可能地实现，如果不能实现的话，一定要向孩子说明。告诫孩子不要轻许诺言，一旦许诺，就必须遵守。家长自身对家庭、对社会的责任心如何，对孩子来说是一面镜子，父母的责任心水平可以折射出孩子的责任心。一个对家庭、社会毫无责任感的父母，不可能培养出有责任心的孩子。

> **锦囊**
>
> 总之，父母对青少年责任心的培养应遵循这样一个规律：从孩子自己到他人，从家庭到学校，从小事到大事，从具体到抽象！

为什么有些青少年会离家出走

校长办公室里,有位家长正在诉苦:"我的儿子今年14岁,是初中三年级的学生了,过去他是一个十分听话的孩子,学习成绩一直不错,也一直是父母的骄傲。可现在他越来越不听话了,自己想干什么就干什么,根本就不听家长的劝。最近又迷上了网络游戏,学习完全被放在一边。我们试图强制制止,把他关在家里,把网线也拔了,可没想到,他竟然离家出走。打他手机他不接,给他发短信,他回答说:如果能够答应今后不要管他,他才同意回家。为了能让他回来,我们答应了他的要求。可他回来第一件事就是上网。对这样的孩子我真不知道应该怎么办。"

这样的事件并不是个例,对于青少年离家出走的问题,专家称:孩子有问题父母难辞其咎。近年来,青少年离家出走的事件时有发生,这给作为父母的我们带来了不小的困扰。令我们不明白的是,为什么现今的孩子会出走呢?这里,我们不妨分析一下:

1.逃避学习压力

曾经有这样一则调查报告,报告称:在被访的中学生中,35%的学生坦言"做中学生很累",有34%的学生说,有时"因功课太多而忍不住想哭",面对高强度的学习压力,很多父母并不理解,而是继续给孩子施压。更不可思议的是,1/5的学生有过"不想学习想自杀"的念头。

当然，孩子的压力有时候也来自自己，他们也会为自己订立各种学习目标，而一旦没有实现这一目标，他们便感到气馁甚至产生逃避的想法。

当然，这种压力更多来自家庭，家长的要求太高，孩子的考试成绩达不到要求，就给孩子施加压力，孩子就会感到恐惧，希望一走了之。

2.逃避惩罚

有些孩子做错了事，但又害怕父母惩罚，于是，他们选择出走。这种情况一般出现在那些经常惩罚孩子的家庭里。

3.被外界环境诱惑

青少年通过各种信息渠道接受很多信息后，一部分人经受不住诱惑，对读书不感兴趣，而热衷于读书以外的东西，像早恋或者迷恋于网吧，进而发展到离家出走"实现理想"。

对于家庭来说，每一个出走孩子的父母，哪一个不是经历着山崩地裂般的灾难？有举着孩子的照片一个城市一个城市寻找的，有因找不到孩子而精神失常的，有为了孩子的出走相互责怪而导致家庭破裂的，还有为了找孩子而债台高筑的……那么，作为家长又该怎么做呢？

成长加油站

1.预防为主，让孩子自由成长

专家建议，家庭教育对孩子影响相当大，孩子的第一任老师是父母，不少孩子离家出走是由于缺乏与父母的沟通。因此，父母在平时要加强与孩子的交流，不要强迫孩子去做一些事，给孩子的自由成长创造空间。比如，如果你的孩子不喜欢弹钢琴，那么，你就应该尊重孩子的想法。另外，对于孩子的学业，我们也不应该过多干预，青少年已经开始认识到学习的重要性，整天唠叨与叮嘱反而让孩子反感。

2.密切关注孩子的心理变化

父母应经常注意孩子的心理变化和需求，很多孩子的出走都是出乎父母意料的。

如果你的孩子犯了错误，要善于引导他们，要指出问题的严重性，提出解决的办法，使之自觉改正错误。如果横加指责，长此以往，孩子就会因为逃避罪责而离家出走。

3.增长孩子的见识，使其正视社会诱惑

我们可以让孩子经历一些挫折和磨难教育，让孩子吃一些苦。家里较难的家务，孩子能做得到的，应让孩子去做。

根据孩子的年龄主动让他们到社会去闯，做错事的时候可能不少，家长要抓住这一机会指点孩子，并继续让孩子去做，错了再指点，直到圆满完成。这有利于培养孩子的勇气、自信心、责任感，使孩子健康成长。可以说只要孩子意志坚强，离家出走是不会发生的。

4.真诚接纳归家的孩子

如果孩子离家出走，但又自己回来，那么，家长一定要好好与其沟通，并安慰在外受苦的孩子，让孩子感受到家庭的温暖，把矛盾缓和了，问题也就解决了。而事实上，有些家长却对回来的孩子恶语相向，甚至打骂，让孩子再次选择离家出走。对此，专家建议："父母的恰当做法是，应为孩子提供一个安定、和谐、温馨的家庭氛围，先让孩子一颗纷乱的心安定下来。慢慢地讲清道理，让孩子从'出走'的失误中懂得人生。"

> **锦囊**
>
> 总之，父母要为孩子提供温馨的家庭环境，给孩子成长的自由，引导他们向着好的方向发展，而不要给孩子太大的压力。在这样的家庭氛围中，孩子才会感受到父母的爱，才会感受到家的温暖，当然就不会产生离家的念头。

多给予青少年参加社会实践的机会

俗话说，"生活即教育，社会是课堂"，一点也不错，我们强调孩子要好好学习，但不能让他们深居家中，不谙世事，这样只会导致孩子依赖性强，没有主见，缺乏判断和自主的能力。<u>只有让孩子融入实际的生活，才能发现生活中的美丑善恶，才能找到改善生活、改变社会的途径，才能成为一个有主见的人。</u>同样，对于已经有自理能力和独立能力的青少年来说，更应该多让他们参加社会实践，提升他们自主解决问题的能力。

其实，生活中，并不是孩子们不能自主，而是很多家长不愿意放手。

芊芊今年10岁半，什么事情都依靠父母，甚至发展到做作业都要父母陪着，当别人问她以后有什么理想的时候，她说："永远不长大！"这令别人很奇怪，但芊芊有自己的原因："不长大就可以永远和爸爸妈妈生活在一起，爸妈可以给我做好一切！"但在接下来的一个月，芊芊似乎变了。父母在北京最冷的一月底让她参加了一周滑雪拓展营，她是其中最小的营员。她生活自理，表现良好。回家后，芊芊早上主动收拾房间，还把自己的抽屉收拾整齐，慢慢地，芊芊开始能自己学习，并能主动帮爸妈做一些力所能及的事情。

任何一名青少年，未来都要进入社会，实践能力都必不可少，这里，参加社会实践活动以前的芊芊是令人担忧的，这样的孩子在生活中并不少见，但正如芊芊爸爸妈妈一样，如果试着大胆放手，家长或许会发现，用不了多久，那朵温室中的小花会像蝴蝶般破茧而出，并飞得潇洒而自在。

家长不妨鼓励你的孩子走出校门和家门，去参加一些亲近自然、融入生活、关注社会的实践活动。让孩子从小就融入鲜活的生活，带着自己发现的生活问题、社会现象，进行调查研究，寻求解决问题的方案，增强他们的独立意识和主见。通过一些社会实践活动，孩子会变得敏感、活跃，能用自己的眼睛主动寻找、发现生活中、社会上存在的问题、弊端、不合理之处，让他们形成许多有价值的研究经历，从而开启自己的智慧。

社会实践活动种类多样，例如：

（1）"手拉手"活动，能使生长在城市的孩子心系贫困山区，长知识，献爱心，受磨炼。

（2）"给祖辈买东西"。让孩子自筹经费10元或15元，给祖父或祖母买一种蔬菜、一种水果和一样日用品，然后送到祖辈手中，看买的东西是不是爷爷奶奶需要的。爱就意味着用心灵去体会别人最细微的精神需要。在买东西的时候讨价还价也是生活需要的本领。

（3）"卖晚报"。推销也是难得的锻炼。如果把报纸卖完了，所得差价便是劳动的成果。

活动也是教育，对于青少年来说，他们犹如即将出笼的鸟儿，我们不可能单纯通过讲解和说教就教育出一个优秀的孩子。

那么，家长在让孩子参加社会实践活动的时候，有什么是需要注意的呢？

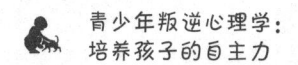

成长加油站

1.要明白活动要达到什么目的，有没有吸引力

青少年依旧是孩子，可能对活动的趣味性更关注。再有意义的教育活动，如果没有趣味性，都很难达到一个良好的教育目的。

2.防止走形式

孩子参加社会实践活动，是要达到一种教育的目的，不是走过场，要让孩子自己解决活动中遇到的困难。同时，在一些社会活动中，家长还可以让孩子自己筹划、联系和组织。这样，孩子可以从中得到更多的锻炼、收获和乐趣。家长要鼓励孩子在社会实践中注意观察，学会提问，善于交往，动手动脑，勤做记录，这样收获会更大。

3.社会实践的难度要适中

难度过大的活动会让孩子有一种受挫感。毕竟，孩子是娇弱的，父母要以呵护为主，受挫只是生活中的插曲。孩子有了强烈的受挫感之后，很容易自暴自弃，这不利于培养自主性，反而会产生负面影响。

锦囊

总之，家长在教育活动中，如果能经常注意调动青少年学习的主动性，多给予他们参加社会实践的机会，就不仅给了孩子知识，而且能锻炼孩子做事和交往的能力。

第 9 章 09

唯有爱与尊重,才能滋养青少年的自主能力

温柔地对待青少年所犯的错误

人类的学习过程自古至今都遵循这样一条规律：尝试、错误、学习、纠正。在这个不断循环的过程中，人类得以成长。我们对待青少年的教育问题，也是如此，<u>青春期是冲动的年纪，孩子难免犯错，温柔对待孩子所犯的错误，让孩子自己认识到错误，可以让他在错误中得到真理，得到正确的做事方法。</u>而作为父母，如果把错误彻底消灭，那么你的孩子也不会有成长。

因此，要允许你的孩子犯错，让他在不断地犯错过程中积极主动地去探索、去学习。另外，犯错误可能是孩子不专心、没耐心、能力不够引起的，作为父母都应该温柔对待，应该耐心地支持和辅导他改正错误，绝不要横加指责，否则很容易导致你的孩子产生自卑感。

那么，家长在面对孩子犯错的时候，应该怎么做呢？

成长加油站

1.表达你对他的爱，做他的"知心朋友"

每个孩子，尤其是渴望倾诉的青少年，都希望自己有一个可以交心的好朋友，能够在自己迷茫的时候给自己指点，在自己不高兴的时候静静地坐在自己的身边聆听，能在自己犯错的时候为自己指出问题的所在。但很多情况下，孩子的这位知己并不是父母，他们放不下作为家长的威严。很多孩子知道自己的父母做不到这一点，所以他们如果有了心事，宁愿找自己的朋友去倾诉，也不愿意告诉父母。不是孩子不愿意把父母当知己，而是父母首先没有做孩子"知己"的意识。

所以，父母不妨放下架子，平等对待孩子。英国教育家斯宾塞说："沟通不是在任何人之间都能实现的。父母只有放下架子，做孩子的知心朋友，才能实现最成功的沟通。"

2.温柔地对待孩子，也要让他为自己的错误付出一点代价

孩子犯错总是在所难免，每当孩子闯下大大小小的祸，作为警醒或教训，家长都会对孩子采取一定的惩罚。但惩罚仅仅是打和骂那么简单吗？怎样的教训才会起到理想效果？惩罚有些什么方式？惩罚的"度"在哪里？惩罚过后，面对孩子的情绪，家长又该如何做好"善后"工作？

每个人犯错都是要付出代价的，如果没有因为错误受到相应的惩罚，那么错误还可能会继续发生。生活中，很多父母看到孩子犯了错误以后，马上帮他纠正。可能孩子意识到了自己的错误，但印象并不深刻，导致错误一再地出现。

老刘的儿子第二天要出去郊游。这晚上，老刘就对只顾看电视的儿子说："小明啊，先别看电视了，准备准备明天去郊游的东西吧，否则明天早晨又要手忙脚乱了。"儿子一边嗑瓜子，一边说："爸爸你可真啰嗦，我这么大了，会照顾好自己的，东西都准备好了。"老刘就没再说什么，可是发现儿子换洗的袜子没带，帽子也没装进包里。老刘的妻子正要帮儿子收拾，老刘却制止住了她。

儿子郊游回来后，老刘问："玩得怎么样啊？"儿子说："很好啊。就是没换洗的袜子穿，天气太热了，帽子也忘带了，我都晒黑了，下次可不能再这么丢三落四的了。"

第9章 唯有爱与尊重，才能滋养青少年的自主能力

老刘是位很聪明的父亲。他阻止了妻子的行为，就是要让儿子为自己犯的错误付出一点儿代价。如果妻子帮助他准备好了，儿子依旧是一副没记性的样子，并且他还会产生依赖心理：我没准备好没关系，还有我妈帮我弄呢。所以，要想让孩子对自己的错误记忆深刻，不犯类似的错误，不妨让他吃点苦头。

锦囊

总的来说，孩子犯错误是成长过程中的重要一环，因为错误是孩子学习、探索和成长的宝贵机会。通过从错误中汲取教训，孩子能培养解决问题的能力、韧性及自我反思能力，进而形成更加积极的学习态度。

给孩子尊重与自由，绝不窥探孩子的日记本

张女士是一名事业单位领导，在单位颇有声望的她也对女儿寄予厚望，希望能按照自己的想法规划她的人生，女儿一直是大家公认的乖乖女，但不知从什么时候起，女儿好像变得孤僻了，再也不愿和自己以及周围的长辈们说话了。

最近一段时间，张女士还发现，女儿的书包里好像多了一本日记，难道女儿有什么秘密？不会是交了男朋友吧？怀着强烈的好奇心，一个周末，张女士趁女儿不在家，看了日记，令张女士意外的是，女儿并没有什么秘密，日记的内容只不过是学习压力的倾诉以及与好朋友相处的过程中遇到的问题。

看到这些，张女士悬着的心终于放下了，但从这件事之后，细心的女儿居然给日记上了锁，这让张女士又产生了很多疑问。

的确，日记引起的冲突通常是一个令人伤感的话题。孩子们因父母要查看日记而愤懑苦恼，令家长们坐立不安的则是：孩子竟然把日记锁了起来！<u>而实际上，有时候，孩子写日记，并不是因为孩子有什么见不得人的秘密，只是他们需要找一个倾诉的对象。</u>

似乎每个青少年都有一本自己的日记本，这好像是他们送给自己的第一份青春期礼物，那么，他们为什么喜欢写日记呢？

孩子一到青春期，随着身体上的发育，他们在心理上也产生种种变化，他们对于以前父母灌输给自己的种种思想也产生怀疑，甚至不再相信成人，因

此，他们既觉得孤独，又需要一个倾诉的对象。此时，他们会选择一个完全属于自己、父母不会干涉到的空间，将自己的心情、小秘密都倾诉出来，于是，他们会锁上房门，打开自己的那本日记本，将一天来遇到的快乐的、不快的、激动的、气愤的、伤心的事情都写下来，当他写完时，发现心情平复了，感觉也好多了。虽然可能问题还是存在，事情未有转机，但他已经把极端的情绪从体内部分地转移到了日记本上，心里轻松了许多。

然而，一些青少年之所以给日记加上锁，是想要在一个安全的地带打量自己，他不想被评头品足，他那点刚刚积聚起来的自信，还需要小心地呵护。这个时候，父母如果强行或者偷偷看了日记，孩子就会感到无处藏匿，感到羞辱、气恼，产生令父母惊讶的激烈的情绪反应。**可能日记的内容很是平淡，但你窥见了孩子在完全不设防状态下展露的自我，他会有一种被侵犯的感受。**

其实，作为家长，完全有其他的方法面对青春期孩子的日记问题：

成长加油站

1.无论如何不要窥探

可能每一个家长在查看孩子的日记前，都会给自己一万个理由，但最大的理由莫过于你不适应孩子已经长大的事实，不适应与孩子在某种程度上的精神分离。静下心来想，你可以发现，促使我们这样做的主要原因是情绪上的某种需要。

当我们看到孩子带锁的日记时，可能会本能地认为：孩子不再对我们敞开心怀，孩子开始躲避我们关注的目光。每一个敏感的母亲都不会对此无动于衷。无可奈何之中我们会感到有点委屈："我养你这么大，怎么连看看日记也不可以啊！"

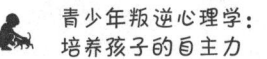

有一个女儿问她的妈妈:"妈妈,你怎么从来都没有去翻过我的日记本啊?我们班好多同学都说自己的爸妈经常偷看他们的日记呢。但是我感觉你一次也没有去翻找过我的日记本。"

这位妈妈笑着对女儿说:"你开始写日记说明你长大了,开始有自己的小秘密了,妈妈很替你高兴。但是日记本是你的物品,里面会记录你的隐私,即便是妈妈,我也要尊重你的隐私权啊!所以妈妈不偷看你的小秘密。但是你如果有什么不开心的事情或是很难解决的事情,妈妈希望你可以告诉我,然后我们一起来解决,好吗?"

女儿听后幸福地说:"妈妈你真好!"

由此我们可以看出来,家长尊重孩子了,孩子自然也会同样尊重家长。您如果放手向孩子敞开怀抱,孩子可能同样会以拥抱待您。如果父母非要查看日记才能了解孩子心里发生了什么,这只是表明亲子间的沟通有了问题,应该设法改善这种状况而不是简单去查看日记。

2.多用文字和日记的形式和孩子沟通

下面这位母亲的方法很值得我们借鉴:

我现在,很喜欢用文字和儿子交流,我曾精心挑选了一个笔记本,在扉页上写道:"我和儿子的悄悄话。"

自从有了这样一本日记,我和儿子的情感交流多了。

有一天放学,我去接儿子,却发现儿子在用讽刺性语言数落一个成绩差的孩子,当时我并没有当面斥责他,回到家,我在日记本中写道:"儿子,你知道吗?每个孩子都是天使,你在妈妈眼里是一个优秀的孩子,那个被你嘲笑的同学也一样,身上有闪光的东西。记住这样一句话:在人之上,要视别人为人;在人之下,要视自己为人。"儿子在下面写了一句:"妈妈,我错了。"

儿子放学回家的第一件事,就是阅读这本日记。我发现儿子也开始在日记本上面倾诉了。期中考试,儿子的数学成绩不理想,很怕我批评他。一回家,儿子就交给我这本日记,上面写着:"妈妈,对不起。我因为马虎,数学考得不好。你放心,我下次一定争取好成绩。"

实际上,还有许多比看日记更好的方法,能帮助我们了解孩子。比如,你可以和孩子协商好,与孩子拥有一本共同的日记,将每天的心情记录下来,这样,你就能了解孩子的心理动态,也不必冒风险去看孩子的日记了。

锦囊

总之,作为父母,我们一定要接受孩子已经成长的事实,如果你在孩子的成长中前怕狼后怕虎,始终不给孩子以自由,这样不仅会让孩子错失很多自我成长的机会,还会让孩子觉得家长始终是风筝后面的那根绳子,无论自己飞得多高多远,随时都有被家长扯回来的可能,这只会让孩子的心门锁得更紧!

如何培养青少年的抗压受挫能力

据媒体报道，某市有一名女中学生，学习成绩很好，喜欢帮助同学，人际关系不错，老师和同学都很喜欢她。但有一次，一个学习成绩差的同学求她帮忙，让她帮忙作弊，谁料没有作弊过的她因为紧张过度被老师发现，最终被老师赶出考场。事后，她对这件事一直耿耿于怀，最后羞愧地跳入长江自杀身亡。对这名女中学生自杀事件，人们从各个角度在报纸上展开了大量讨论，谈得最多的还是中学生的心理素质——心理承受力的问题。

我们不得不承认，现在的青少年的心理承受能力越来越差。在学习方面，过分注重自己的学习成绩，一次考试成绩不理想就会伤心很久，甚至出现厌学的倾向；在人际关系方面，害怕别人拒绝自己，不知道怎么与人相处，同学之间的一点小矛盾会让他们感到束手无策，从而心神不宁，学习退步；受到家长和老师的一点点批评就会使他们离家、离校出走等，以上的种种都是孩子输不起的表现。

然而，这些问题，"病"在儿女，"根"在父母。**父母对孩子过多的照顾和过度的保护，使孩子无法得到磨炼，没有经受困难与挫折的心理准备和能力**。表面上看，这些孩子个性十足，其实内心里十分脆弱，就像剥下来的蛋壳，稍一用力，就成了碎片。

心理承受能力，是指一个人从挫折中恢复愉快心情的心理素质。心理承受能力对一个人的生活和工作是非常重要的。**一个人只要进入社会，就会遇到各种压力、困难和挫折，有的人能勇敢、乐观地去战胜它，而有的人却显得懦弱、悲观，处处想逃避它。**在这个快速发展的社会里，我们每个人包括我们的孩子，都会遇到各种压力。比如，考试不及格，竞赛不入围，升不了重点中学，和同学、老师关系不好等，这些都会给孩子带来心理压力。特别是那些性格内向的孩子、学习成绩差的孩子、单亲家庭的孩子、生理有缺陷的孩子、失足有过错的孩子，他们面对的问题更多。再加上父母不能正确地指导、对待他们，使这些孩子在遇到不愉快的事情时，就会有话不敢说，心里的郁积得不到舒展，久而久之，就给自己造成了巨大的精神压力。

近年来，青少年离家出走甚至自杀现象逐渐增多。究其本源，也都是些成年人看起来微不足道的原因。但对孩子来说，这些压力却成为他们的一种精神负担，容易引起孩子的心理障碍。如果孩子从前话很多，突然变得沉默起来，那可能遇到了问题，父母应该及时给予帮助。

成长加油站

1.正确面对孩子的挫折

当孩子遇到挫折时，家长一定要正确面对，千万不要反应过度。面对遭遇挫折的孩子，家长要避免做出任何消极否定的反应，这种反应只会加重孩子的失败感。家长不妨改变一下方式，变消极否定为积极鼓励、加油。这样做，既在客观上承认了孩子的失败，又充分肯定了孩子的努力，保护了孩子的积极性，同时，应为孩子指出继续努力的方向。

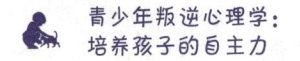

2.给孩子制订一个适度的发展目标

适度的期望是相信孩子的表现,它能帮助孩子发挥自己的潜能。因此,作为家长,一定不要否定你的孩子,而要相信孩子有能力、有潜力去做一件事。但同时,家长更要从孩子自身的特点出发,帮助孩子制定一个适度的目标。同时,无论成败,都要给孩子一个客观的评价,孩子在哪里做得对、哪里做得不对、该发扬什么优点、改正什么缺点等,在此基础上,孩子才能从容应对生活中的各种挫折。

3.避免用语言、行动证明孩子的失败

现在的孩子心理素质差,受挫能力普遍较低,这就要求家长帮助孩子树立坚强的意志,培养他们敢于直面逆境的信心与毅力。要让孩子经历风雨磨难,这对孩子克服软弱、形成刚毅的性格大有帮助。

4.允许孩子慢一点

现代的独生子女在其成长过程中,父母总想方设法排除一切干扰,让其顺利成长,缺少甚至没有必要的刺激和挫折,适应力从何而来?遇到挫折又怎能输得起呢?

与其他孩子比较本无可厚非,可千万不要忘记对自己孩子的前后比较,更不要从你的视角来设想孩子的所见所闻,因为你如果不蹲下来和孩子一样高,又怎么知道孩子看到的仅是成人的大腿呢?要用成长的事实来鼓励孩子成长,慢一点不要紧,关键是每一步都要有孩子自己的汗水和思考。

锦囊

总之,对于培养孩子的抗压受挫的能力这一问题,作为父母,我们一

定要鼓励孩子坚强、自信地面对问题，让孩子懂得压力人人都会有，父母也会遇到麻烦、产生心理压力，并告诉孩子自己在遇到麻烦、产生心理压力时是怎样应对困难、克服压力的，给孩子树立一个实际的榜样，以增强孩子的勇气和信心。这样，孩子往往比较容易听进去，并从父母的事例中学习经验，化解压力。

青少年遭遇挫折,父母要及时给予鼓励与引导

于太太的女儿叫乐乐,现在上初中一年级,是一个好强的孩子,在学校认真听讲,回到家主动学习,从来不用家长催促,也非常有责任心。于太太越是看到这一点,越是对女儿管教得更宽松些,认为这样才能让孩子轻松学习。

但事实上,似乎孩子的成长方向并不像家长预期的那样完美。于太太在谈到自己的女儿时说:"有一次班里选班长,女儿觉得自己不论是能力还是责任心都能胜任,就信心百倍地参加竞选,并且在竞选演讲中充分展示了能力与信心,也获得同学们的掌声,可是等到投票结果出来,她却以一票之差输给了班里的另一个同学,班长的职务就与她失之交臂。女儿很失望,放学之后,没理会同学,就一个人回家了。这次的失败对女儿的打击很大,她不知该怎样来应对,无论我们怎样开解,告诉她一两次的失败并不代表什么,只要尽力就可以,可是女儿依然背负了沉重的包袱,虽然表面上女儿还是和以前一样上学、放学,但我感到女儿好像变了,她不再那么开朗,开始变得做什么事都畏首畏尾,好像很怕输,我真不知道该怎么办了,怎样才能帮助女儿走出失败的阴影啊?"

乐乐的这种心态就是"输不起",这在很多成绩优秀的青少年身上都有发生,**这些孩子有主动的上进心和要强的性格,但一遇到失败,就很容易产生挫折感而变得一蹶不振,其实,这与家长的教育方式有关。**有些家长和乐乐的父母一样,虽然倾心于为孩子创造宽松、舒适的生活学习环境,但极有可能适

得其反，给孩子造成一种更大的、无形的压力，导致孩子因精神过度紧张而屡屡受挫，他们以为，孩子学习成绩好，就可以忽略孩子的心理成长。而实际上孩子内心的能量并没有那么强，但是家长设定的目标又很大很远，所以说他会在一些竞争方面的事情上表现得异常紧张，因为他想利用这些来证明自己的能力。

还有一类家长对于孩子的要求过于严格，不允许孩子犯一点错误，不允许孩子失败，希望孩子在成长的道路上能少走弯路，或者不走弯路，于是，当孩子做出了一个决定，而这个决定在父母看来是肯定要失败的时候，父母们往往接受不了，急于上来阻止孩子走错路或者直接"越俎代庖"。但事实上，孩子不走弯路、不经受失败这种愿望是不可能的，人的一生，不可能一帆风顺，只有经历了挫折与磨难，孩子才能真正地成长。

在这种两种教育态度下成长的孩子，哪里经得起风雨。**因此，从现在起，家长要改变自己的教育态度和方法，要让孩子明白，"失败"也是一种人生经历，要让孩子经得起失败。**

具体来说，我们应该这样引导孩子：

成长加油站

1. 给予引导

当孩子遭遇挫折和失败时，父母应引导孩子分析受挫折的原因，从中吸取教训，并想办法克服困难。当他自己克服了困难时，父母应鼓励、肯定。让孩子体验成功的喜悦，增强克服困难的信心。如果他独自克服不了困难，父母应给予适当的安慰和帮助，以免造成孩子过分紧张，影响身心健康。

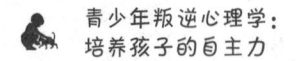

2.借助孩子的其他优势来激励他

在某一领域里的充分自信,可以帮助孩子更好地面对来自其他方面的挫败。如果面临挫折,孩子将自己的优点丢在了脑后,父母一定别忘了提醒他,借助优势激励他改变弱势的信心。

女儿前段时间要去参加手工比赛,作为妈妈自然希望她取得好成绩。于是在家里我总想方设法让她多练习。女儿虽然对动手操作感兴趣,但是对于难度大一些的事物总是不想多实践。我觉得我得先让她对于难的事物感兴趣,兴趣是最好的老师嘛。于是我跟她说:"你看你刚才捏的这个真的很难,妈妈只教了你一次,你都捏得比妈妈好了,真了不起。那一个好像更难了,我们一起来捏,你教教妈妈好不好啊?"女儿借助自己的优势而树立起来的信心改变了她对于难度大而不愿实践的弱势的不自信。

通过优势激励,能让孩子有一种自我价值的肯定,这种心理暗示,能鼓励孩子逐渐克服失败的恐惧。

3.在日常生活中多鼓励孩子做一些他没有做过的事

做曾经不敢做的事,本身就是克服恐惧的过程。孩子走出第一步,敢于尝试,就说明他已经突破自己了。在不远的将来,即使孩子还会遇到很多困难,但因为有勇气,孩子一定能自己面对。

锦囊

总之,对于青少年,在他们成长的过程中,难免会有一些失败的经历,当他们失败后,我们要及时给予鼓励和安慰,让他们感受到来自父母的爱，与此同时，我们更要培养他们"输得起"的心态，只有这样，他才有更多赢的机会。在孩子稚嫩的心灵里埋下百折不挠的种子，帮助孩子树立正确的人生思想，教育孩子坦然面对挫折，增强孩子的心理免疫力，才能使孩子健康快乐地走好人生的每一步！

参考文献

[1] 布拉德·威尔考克斯，杰里克·罗宾斯.如何拥抱一只刺猬：与孩子有效沟通和亲密相处[M].周江源，译.武汉：武汉出版社，2016.

[2] 高占民.青少年叛逆心理学[M].天津：天津科学技术出版社，2021.

[3] 约翰·科尔曼.为什么我的青春期孩子不和我说话？[M].蔺秀云，王晓菁，刘胜男，译.北京：化学工业出版社，2020.

[4] 慧杰.青少年叛逆心理学[M].北京：当代中国出版社，2019.